plurall

CB136216

Parabéns!
Agora você faz parte do **Plurall**, a plataforma digital do seu livro didático!
Acesse e conheça todos os recursos e funcionalidades disponíveis para as suas aulas digitais.

Baixe o aplicativo do **Plurall** para Android e IOS ou acesse **www.plurall.net** e cadastre-se utilizando o seu código de acesso exclusivo:

AASHJ2DX6

Este é o seu código de acesso Plurall. Cadastre-se e ative-o para ter acesso aos conteúdos relacionados a esta obra.

@plurallnet

@plurallnetoficial

SOMOS EDUCAÇÃO

WILLIAM ROBERTO CEREJA

Professor graduado em Português e Linguística e licenciado em Português pela Universidade de São Paulo (USP)

Mestre em Teoria Literária pela Universidade de São Paulo (USP)

Doutor em Linguística Aplicada e Análise do Discurso pela PUC-SP

Professor da rede particular de ensino em São Paulo, capital

CAROLINA DIAS VIANNA

Professora graduada e licenciada em Português pela Universidade Estadual de Campinas (Unicamp)

Mestra em Linguística Aplicada pela Universidade Estadual de Campinas (Unicamp)

Doutora em Linguística Aplicada pela Universidade Estadual de Campinas (Unicamp)

Professora das redes pública e particular de ensino nos Estados de São Paulo e Minas Gerais

Gramática Reflexiva

8

Ensino Fundamental
Anos Finais

Atual Editora

Atual Editora

Presidência: Guilherme Alves Melega

Vice-presidência de educação digital: Camila Montero Vaz Cardoso

Direção editorial: Lidiane Vivaldini Olo

Gerência de conteúdo e design educacional: Julio Cesar Augustus de Paula Santos

Gestão e coordenação de área: Renato Luiz Tresolavy

Edição: Paula Junqueira e Ingrid Favoretto Falcão

Aprendizagem digital: Renata Galdino (ger.), Beatriz de Almeida Pinto Rodrigues da Costa (coord. Experiência de Aprendizagem), Carla Isabel Ferreira Reis (coord. Produção Multimídia), Daniella dos Santos Di Nubila (coord. Produção Digital), Rogerio Fabio Alves (coord. Publicação)

Planejamento e controle de produção: Flávio Matuguma (ger.), Juliana Batista (coord.), Renata Caroline de Oliveira Mendes (analista) e Jayne Ruas (analista)

Revisão: Letícia Pieroni (coord.), Aline Cristina Vieira, Anna Clara Razvickas, Carla Bertinato, Daniela Lima, Danielle Modesto, Diego Carbone, Elane Vicente, Kátia S. Lopes Godoi, Lilian M. Kumai, Luíza de Almeida T. Gonçalves, Malvina Tomáz, Marília H. Lima, Paula Freire, Paula Rubia Baltazar, Paula Teixeira, Raquel A. Taveira, Ricardo Miyake, Shirley Figueiredo Ayres, Tayra Alfonso e Thaise Rodrigues

Arte: Fernanda Costa da Silva (ger.), Kleber de Messas (líder de projeto) e Carlos Roberto de Oliveira (edição de arte)

Diagramação: Arte4 Produção Editorial

Iconografia e tratamento de imagem: Roberta Bento (ger.), Iron Mantovanello Oliveira, Thaisi Albarracin Lima e Cristina Akisino (pesquisa iconográfica), Fernanda Crevin (tratamento de imagens)

Licenciamento de conteúdos de terceiros: Roberta Bento (ger.), Jenis Oh (coord.), Liliane Rodrigues, Raísa Maris Reina, Sueli Ferreira e Cristina Akisino (analistas de licenciamento)

Ilustrações: Biry Sarkis, Filipe Rocha e Jean Galvão

Design: Erik Taketa (coord.) e Gustavo Vanini (proj. gráfico e capa)

Foto de capa: Freepik

Avenida Paulista, 901, 6º andar – Bela Vista
São Paulo – SP – CEP 01310-200
http://www.somoseducacao.com.br

Dados Internacionais de Catalogação na Publicação (CIP)

Cereja, William Roberto
Gramática reflexiva 8 : ensino fundamental : anos finais / William Roberto Cereja, Carolina Dias Vianna. -- 6. ed. -- São Paulo : Atual Editora, 2024.

Bibliografia
ISBN 978-65-5945-129-6 (aluno)
ISBN 978-65-5945-133-3 (professor)

1. Língua portuguesa - Gramática (Ensino Fundamental) I. Título II. Vianna, Carolina Assis Dias

CDD 372.61
23-1392

Angélica Ilacqua – Bibliotecária – CRB-8/7057

2024

6ª edição
1ª impressão
CAE 820957 (aluno)
CAE 820968 (professor)
ISBN 978-65-5945-129-6 (aluno)
ISBN 978-65-5945-133-3 (professor)
De acordo com a BNCC.

Dados Internacionais de Catalogação na Publicação (CIP)

Cereja, William Roberto
Gramática reflexiva 8 [livro eletrônico] : ensino fundamental : anos finais / William Roberto Cereja, Carolina Dias Vianna. -- 6. ed. -- São Paulo : Atual Editora, 2024.
PDF

Bibliografia
ISBN 978-65-5945-147-0 (aluno)
ISBN 978-65-5945-152-4 (professor)

1. Língua portuguesa - Gramática (Ensino Fundamental) I. Título II. Vianna, Carolina Assis Dias

CDD 372.61
23-1396

Angélica Ilacqua – Bibliotecária – CRB-8/7057

2024

Impressão e acabamento: Bercrom Gráfica e Editora

Uma publicação SOMOS EDUCAÇÃO

APRESENTAÇÃO

Caro estudante,

Esta gramática foi escrita para você, falante da língua portuguesa. Para você que interage com outras pessoas, expressando suas opiniões, seus desejos, seus sentimentos e suas ideias.

Para você que se surpreende com os inúmeros significados de uma palavra ou expressão.

Para você que, mesmo diante de um texto difícil, não desiste de tentar compreendê-lo.

Para você que se diverte com palavras, expressões e frases de duplo sentido.

Para você que tem sempre, na ponta da língua, estas perguntas: "O que isso significa?", "Por quê?".

Para você que gosta de ler e de escrever.

Para você que gosta de falar e de ouvir, trocando ideias.

Para você que se liga num anúncio publicitário, num meme e em textos criativos no geral, que "jogam" com a linguagem.

Para você que, dependendo da situação, sabe usar tanto uma linguagem descontraída e informal quanto uma linguagem formal, de acordo com a norma-padrão da língua.

Para você que transita entre textos de variados gêneros: didáticos, instrucionais, publicitários, jornalísticos, literários, científicos, etc.

Para você que sabe que o sentido de um texto não é construído apenas pelo que é dito, mas também pelo que não é dito e pelo contexto em que se diz.

Enfim, esta gramática foi escrita para ajudar você a aprimorar sua capacidade de uso da língua portuguesa e, assim, tornar-se mais hábil em suas interações com o mundo, seja lendo, seja produzindo textos, orais ou escritos.

Um abraço,
Os Autores.

A um amigo.

Agradecimentos

Agradecemos o empenho e o cuidado de toda a equipe editorial — Renato Luiz Tresolavy, Paula Carolina C. Junqueira e Ingrid Favoretto Falcão — e a primorosa pesquisa iconográfica de Cristina Akisino.

Os Autores.

SUMÁRIO

CAPÍTULO 1

Jean Galvão/Acervo da editora

CAPÍTULO 2

Filipe Rocha/Acervo da editora

CAPÍTULO 3

Filipe Rocha/Acervo da editora

CAPÍTULO 4

CAPÍTULO 5

Filipe Rocha/Acervo da editora

CAPÍTULO 6

Biry Sarkis/Acervo da editora

CAPÍTULO 7

CAPÍTULO 8

CAPÍTULO 9

Jean Galvão/Acervo da editora

CAPÍTULO 10

Jean Galvão/Acervo da editora

· CAPÍTULO ·

1 Formação dos tempos verbais

Construindo o conceito

Leia este texto de campanha:

Reprodução/WTGomes Outdoor

(Disponível em: https://br.pinterest.com/pin/182888434859434597/. Acesso em: 17/3/2022.)

1. A respeito da situação de comunicação do texto, responda:

a) Qual é a finalidade desse texto?

____

b) A quem ele se dirige?

____

c) Que suporte foi utilizado para veicular esse texto? Onde, provavelmente, o suporte foi exposto?

d) Quem é o locutor ou o responsável pelo texto?

2. A respeito da mensagem verbal da parte superior do texto, responda:

a) A que viúva o texto se refere?

b) Explique a relação entre beber e o fato de a viúva ser bonita.

c) Considerando o contexto da interação, que efeito é criado pela relação apontada por você no item **b**?

d) O que você acha do emprego desse recurso? Ele facilita o convencimento dos interlocutores? Por quê?

3. Observe a parte não verbal que constitui o texto.

a) O que os traços amarelos com fundo preto representam?

b) Que relação há entre o conteúdo do texto e as cores utilizadas — o preto, o branco e o amarelo?

4. O texto apresenta várias formas verbais relacionadas com as ações que devem ou não devem ser realizadas quando se dirige.

a) Quais são essas formas verbais?

___

b) Quais delas estão no presente?

___

c) Qual está no passado?

___

d) Quais formas verbais se restringem a indicar ações, sem conter em si uma noção temporal?

___

e) Quais delas expressam um apelo ou uma ordem?

___

5. Na frase "Dirigir e beber é suicídio.", as formas verbais **dirigir** e **beber** estão no **infinitivo**. Essas formas nomeiam a ação verbal sem noção de tempo, modo, número e pessoa e podem ser substituídas por substantivos, por isso são chamadas de **nominais**.

Reprodução/WTGomes Outdoor

a) Substitua os verbos **dirigir** e **beber** dessa frase por substantivos correspondentes.

___

___

b) Se essa frase fosse construída com substantivos, ela teria o mesmo sentido da frase original?

___

___

___

___

___

___

___

Conceituando

Você aprendeu, nos anos anteriores, que os verbos se flexionam em pessoa, número, tempo e modo. Além disso, viu, no estudo feito na abertura deste capítulo, que a escolha dos tempos verbais contribui para a construção de sentidos do texto.

Na língua portuguesa, há três tempos verbais primitivos — presente do indicativo, pretérito perfeito do indicativo e infinitivo —, dos quais derivam os demais tempos. Por exemplo, do presente do indicativo deriva, entre outros tempos, o presente do subjuntivo. Para isso, substitui-se a vogal final do presente do indicativo por **e** ou **a**, dependendo da conjugação à qual pertence o verbo. Observe:

(eu) beb**o** → (que eu) beb**a**
presente do indicativo — presente do subjuntivo

(eu) diri**jo** → (que eu) diri**ja**
presente do indicativo — presente do subjuntivo

Veja, a seguir, como se dá a formação dos tempos verbais simples.

Formação dos tempos verbais simples

Tempos derivados do presente do indicativo

1. Do **presente do indicativo** deriva o **presente do subjuntivo**.

- **1ª conjugação** (verbos terminados em **-ar**): troca-se a vogal final do presente do indicativo por **-e**.
- **2ª e 3ª conjugações** (verbos terminados em **-er** e **-ir**): troca-se a vogal final da 1ª pessoa do presente do indicativo por **-a**.

Veja:

1ª conjugação		2ª conjugação		3ª conjugação	
Presente do indicativo	Presente do subjuntivo	Presente do indicativo	Presente do subjuntivo	Presente do indicativo	Presente do subjuntivo
cont**o**	cont**e**	viv**o**	viv**a**	aj**o**	aj**a**
cont**as**	cont**es**	viv**es**	viv**as**	ag**es**	aj**as**
cont**a**	cont**e**	viv**e**	viv**a**	ag**e**	aj**a**
cont**a**mos	cont**e**mos	viv**e**mos	viv**a**mos	ag**i**mos	aj**a**mos
cont**ais**	cont**eis**	viv**eis**	viv**ais**	ag**is**	aj**ais**
cont**am**	cont**em**	viv**em**	viv**am**	ag**em**	aj**am**

2. Do **presente do indicativo** e do **presente do subjuntivo** originam-se o **imperativo afirmativo** e o **imperativo negativo**. Veja, como exemplo, a formação do imperativo do verbo **falar**, observando que:

- nesse modo não existe a 1ª pessoa do singular;
- no **imperativo afirmativo**, as formas de 2ª pessoa (do singular e do plural) originam-se do **presente do indicativo**, eliminando-se o **-s** final; as demais formas são as mesmas do **presente do subjuntivo**. Excetua-se o verbo **ser**, que toma as formas **sê** (tu) e **sede** (vós);

- no **imperativo negativo**, as formas de todas as pessoas coincidem com as do **presente do subjuntivo**.

Presente do indicativo		Imperativo afirmativo		Presente do subjuntivo		Imperativo negativo
falo		———		fale		———
fala~~s~~	→	fala (tu)		fales	→	não fales (tu)
fala		fale (você)	←	fale	→	não fale (você)
falamos		falemos (nós)	←	falemos	→	não falemos (nós)
falai~~s~~	→	falai (vós)		faleis	→	não faleis (vós)
falam		falem (vocês)	←	falem	→	não falem (vocês)

Tempos derivados do pretérito perfeito do indicativo

Do **tema** do **pretérito perfeito do indicativo** (que se obtém extraindo-se a desinência **-ste** da 2ª pessoa do singular, nas três conjugações), derivam:

- o **pretérito mais-que-perfeito do indicativo**, juntando-se as desinências **-ra**, **-ras**, **-ra**, **-ramos**, **-reis**, **-ram**;
- o **pretérito imperfeito do subjuntivo**, juntando-se as desinências **-sse**, **-sses**, **-sse**, **-ssemos**, **-sseis**, **-ssem**;
- o **futuro do subjuntivo**, juntando-se as desinências **-r**, **-res**, **-r**, **-rmos**, **-rdes**, **-rem**.

Gustavo Ramos/Arquivo da editora

Observe a formação desses três tempos em relação ao verbo **contar**:

Pretérito perfeito do indicativo	Pretérito mais-que-perfeito do indicativo	Pretérito imperfeito do subjuntivo	Futuro do subjuntivo
cont**ei**	conta**ra**	conta**sse**	conta**r**
conta**ste**	conta**ras**	conta**sses**	conta**res**
cont**ou**	conta**ra**	conta**sse**	conta**r**
cont**amos**	contá**ramos**	contá**ssemos**	conta**rmos**
cont**astes**	contá**reis**	contá**sseis**	conta**rdes**
cont**aram**	conta**ram**	conta**ssem**	conta**rem**

Tempos derivados do infinitivo impessoal

1. Do **tema** do **infinitivo impessoal** (que se obtém extraindo-se a desinência **-r**), derivam:
   - o **futuro do presente do indicativo**, juntando-se as desinências **-rei**, **-rás**, **-rá**, **-remos**, **-reis**, **-rão**;
   - o **futuro do pretérito do indicativo**, juntando-se as desinências **-ria**, **-rias**, **-ria**, **-ríamos**, **-ríeis**, **-riam**;
   - o **infinitivo pessoal**, juntando-se as desinências **-r**, **-res**, **-r**, **-rmos**, **-rdes**, **-rem**.

Observe a formação desses tempos em relação ao verbo **conversar**:

Infinitivo impessoal	Futuro do presente do indicativo	Futuro do pretérito do indicativo	Infinitivo pessoal
conversa**r**	conversa**rei**	conversa**ria**	conversa**r**
	conversa**rás**	conversa**rias**	conversa**res**
	conversa**rá**	conversa**ria**	conversa**r**
	conversa**remos**	conversa**ríamos**	conversa**rmos**
	conversa**reis**	conversa**ríeis**	conversa**rdes**
	conversa**rão**	conversa**riam**	conversa**rem**

2. Do **radical** do **infinitivo impessoal** (que se obtém extraindo-se a desinência de infinitivo **-r**, na 1ª conjugação, e a vogal temática e a desinência de infinitivo **-r**, na 2ª e na 3ª conjugações), deriva:

- o **pretérito imperfeito do indicativo**, juntando-se, na 1ª conjugação, as desinências **-va**, **-vas**, **-va**, **-vamos**, **-veis**, **-vam**; e, na 2ª e na 3ª conjugações, as desinências **-ia**, **-ias**, **-ia**, **-íamos**, **-íeis**, **-iam**.

Observe a formação desse tempo em relação aos verbos **conversar**, **viver** e **agir**:

Infinitivo impessoal			Pretérito imperfeito do indicativo		
1ª conjugação	2ª conjugação	3ª conjugação	1ª conjugação	2ª conjugação	3ª conjugação
conversa**r**	vive**r**	agi**r**	conversa**va**	viv**ia**	ag**ia**
			conversa**vas**	viv**ias**	ag**ias**
			conversa**va**	viv**ia**	ag**ia**
			conversá**vamos**	viv**íamos**	ag**íamos**
			conversá**veis**	viv**íeis**	ag**íeis**
			conversa**vam**	viv**iam**	ag**iam**

Formação dos tempos verbais simples — Quadro-resumo		
Derivados do presente do indicativo	**Derivados do pretérito perfeito do indicativo**	**Derivados do infinitivo impessoal**
Presente do subjuntivo: 1ª conjugação: -e, -es, -e, -emos, -eis, -em 2ª e 3ª conjugações: -a, -as, -a, -amos, -ais, -am	**Pretérito mais-que-perfeito do indicativo:** -ra, -ras, -ra, -ramos, -reis, -ram	**Futuro do presente do indicativo:** -rei, -rás, -rá, -remos, -reis, -rão
Imperativo afirmativo: Não existe na 1ª pessoa do singular 2ª pessoa (plural e singular): presente do indicativo menos o **s** final Demais pessoas: presente do subjuntivo	**Pretérito imperfeito do subjuntivo:** -sse, -sses, -sse, -ssemos, -sseis, -ssem	**Futuro do pretérito do indicativo:** -ria, -rias, -ria, -ríamos, -ríeis, -riam
Imperativo negativo: Não existe na 1ª pessoa do singular Demais pessoas: presente do subjuntivo	**Futuro do subjuntivo:** -r, -res, -r, -rmos, -rdes, -rem	**Infinitivo pessoal:** -r, -res, -r, -rmos, -rdes, -rem **Pretérito imperfeito do indicativo:** 1ª conjugação: -va, -vas, -va, -vamos, -veis, -vam 2ª e 3ª conjugações: -ia, -ias, -ia, -íamos, -íeis, -iam

Exercícios

1. Quando alguém conta um fato ou um caso, pode optar por utilizar os tempos verbais de diferentes formas. Observe os casos a seguir, reunidos por Pedro Bloch, médico que atendia crianças em seu consultório.

Cabeça

Mateus é um garoto com luz própria. Certo dia sua tia falou que não sabia o que se passava na cabeça dele e resolveu perguntar:

— Mateus, o que é que se passa na sua cabeça?

E ele, espantado com tanta ignorância, solta:

— Xampu, ué!

Jean Galvão/Acervo da editora

Melhor 2

Gustavo é um garoto muito especial. Gosta de ironias, tem sempre pronta uma respostinha na ponta da língua.

Quando lhe pergunto quem é o melhor aluno da turma, não se sai com aquela de "*eu sou o pior dos melhores e o melhor dos piores*". Diz simplesmente:

— De trás pra diante... sou eu, mesmo.

(*Dicionário de anedotas de crianças para adultos*. Rio de Janeiro: Revinter, 2001. p. 29 e 125.)

a) Identifique as formas verbais utilizadas na voz do narrador e reescreva esses trechos, modificando os tempos verbais utilizados: onde foi empregado presente do indicativo, empregue pretérito perfeito ou imperfeito do indicativo, e vice-versa.

b) Discuta com os colegas e o professor: As novas versões escritas por vocês ficaram exatamente iguais? Comparem as diferentes versões e concluam: Qual é a diferença de sentido entre o uso de uma ou de outra forma?

2. Leia a seguir mais uma das anedotas de Pedro Bloch.

Luisinho ________ (ter) uma dúvida:

— Mãe, amigo ____ (ser) mais que irmão ou irmão ____ (ser) mais que amigo?

Ela não ________ (saber) como sair daquela, mas se ____________ (defender):

— Às vezes um bom amigo ____ (ser) mais do que um mau irmão.

Ele ____________ (parecer) não _______ (ter) __________________ (compreender) e ainda ________ (querer) _________ (saber):

— Amigo _____ (ser) parente igual a primo?

Carmem ____________ (explicar):

— Uma pessoa ________ (poder) _____ (ser), ao mesmo tempo, amigo e primo.

O menino não se ______________ (conformar):

— Então ________ (ser) dois.

A mãe não ____________ (perder) a paciência:

— Não, meu filho. ____ (ser) um. Um primo que ________ (brincar) com você __ (ser) primo e amigo e um primo que não ________ (gostar) de você ____ (ser) primo, mas não ____ (ser) amigo.

Jean Galvão/Acervo da editora

Ele ____________ (parecer) _______ (ter) se ______________ (iluminar):

— Primo que não ________ (gostar) de mim não ____ (ser) primo.

E ______________ (completar):

— Nem gente.

(*Dicionário de anedotas de crianças para adultos*. Rio de Janeiro: Revinter, 2001. p. 80.)

a) Complete as lacunas com os verbos indicados entre parênteses, conjugando-os nos tempos e modos adequados ao contexto.

b) Compare sua versão com as dos colegas: Há alguma diferença entre elas?

c) Troque ideias com os colegas e o professor e explique os diferentes efeitos de sentido construídos pelo uso de diferentes tempos verbais.

Leia as tiras a seguir e responda às questões 3 a 7.

(Disponível em: http://bichinhosdejardim.com. Acesso em: 22/3/2023.)

3. O título das tirinhas faz referência ao uso de um tempo verbal, o futuro do pretérito.

a) Qual é a função desse tempo verbal e como se dá sua formação?

b) Identifique, nas duas tiras, as locuções verbais ou tempos compostos nos quais foram empregadas formas nesse tempo.

c) Troque ideias com os colegas e o professor: Que sentido é construído pelo uso desse tempo verbal no contexto da fala de um apresentador de telejornal?

4. Na segunda tirinha, é acrescentada ao título a caracterização "Urgente!".

a) Qual é a relação entre esse termo e o conteúdo da notícia dada por Joaninha?

b) Observe os elementos enumerados na fala de Joaninha no segundo quadrinho e levante hipóteses: Em sentido figurado, a qual fato o último elemento pode estar fazendo referência?

5. Observe os dois últimos quadrinhos das duas tirinhas.

a) Em ambos os casos, eles geram uma quebra que contribui para a construção do humor das tiras. Explique como se dá essa quebra no contexto de cada uma das tiras em estudo.

b) Em quais modos e tempos estão conjugadas as formas verbais do último quadrinho da segunda tira?

6. Reescreva as falas de Joaninha do primeiro e do segundo quadrinho, substituindo os tempos das formas verbais:

a) pelo presente do indicativo.

b) pelo futuro do presente do indicativo.

c) pelo pretérito perfeito do indicativo.

7. Você viu que na segunda tira foi usada uma forma verbal no modo imperativo.

Clara Gomes/Bichinhos de Jardim

a) Entre as opções a seguir, qual é o efeito de sentido produzido pelo imperativo nesse contexto?

- [ ] ordem
- [ ] conselho
- [ ] desejo

b) Em qual pessoa está conjugada essa forma verbal?

c) Deduza: A quem se refere essa forma verbal na fala de Joaninha?

d) Troque ideias com os colegas e o professor e explique por que, no contexto da tira, a pessoa utilizada na conjugação não coincide com a pessoa do discurso a quem a forma verbal se refere.

e) Em qual pessoa você costuma usar a forma imperativa em seu dia a dia?

SEMÂNTICA E DISCURSO

Leia este poema de Torquato Neto:

Poema do aviso final

É preciso que haja alguma coisa
alimentando o meu povo;
uma vontade
uma certeza
uma qualquer esperança.
É preciso que alguma coisa atraia
a vida
ou tudo será posto de lado
e na procura da vida
a morte virá na frente
e abrirá caminhos.
É preciso que haja algum respeito,
ao menos um esboço
ou a dignidade humana se afirmará
a machadadas.

(*In*: Vários autores. *50 poemas de revolta*. São Paulo: Companhia das Letras, 2017. p. 44.)

Biry Sarkis/Acervo da editora

1. Com relação às ideias do poema, responda:

a) Como o eu lírico vê o mundo em que vive e a condição de seu povo?

b) Ele se sente parte do povo? Justifique sua resposta com palavras do texto.

c) Que sentimentos o eu lírico expressa?

2. Diante do contexto em que vive, o eu lírico tem apenas uma certeza em relação ao presente dele. Qual é a forma verbal que expressa essa certeza? Em que tempo e modo ela está?

Torquato Neto

Torquato Neto (1944-1972) foi jornalista, poeta e letrista de canções da MPB. Participou ativamente da cena cultural dos anos 1960, momento em que vigorava o regime militar no Brasil, defendendo na imprensa as novas tendências artísticas, como o Tropicalismo na música, o Concretismo na poesia e o Cinema Novo. Entre seus diversos parceiros de composição estão Gilberto Gil, Caetano Veloso, Edu Lobo, Jards Macalé e Luiz Melodia.

Reprodução/Vitrine Filmes

› Torquato Neto.

3. Diante de uma situação insustentável, o eu lírico faz algumas suposições a respeito do que poderia mudar o quadro em que ele e o país se encontram.

a) Que formas verbais expressam a possibilidade de mudança?

b) Em que tempo e modo estão essas formas verbais?

4. Caso as mudanças esperadas não ocorram, o eu lírico prevê um conjunto de eventos que podem acontecer.

a) Como são esses eventos? Que palavras do texto comprovam sua resposta?

b) Que formas verbais expressam essas ações? Em que tempo e modo elas estão?

5. A respeito dos versos:

> "É preciso que haja alguma coisa
> alimentando meu povo;"

a) Que outro sinal de pontuação poderia ser empregado após a palavra **povo**? Por quê?

b) Qual é a forma nominal empregada nesses versos? Identifique-a e classifique-a.

c) Essa forma nominal expressa a ideia de:

[ ] ação que pode ocorrer. [ ] ação concluída. [ ] ação contínua.

6. Explique o título do poema à luz de suas ideias gerais.

7. O eu lírico vê com preocupação e pessimismo o rumo que as coisas podem tomar.

a) Em sua opinião, o eu lírico deseja a violência?

b) Leia o boxe ao lado, troque ideias com os colegas e o professor e conclua: Por que a violência não deve ser vista como uma maneira de resolver os problemas do mundo? Que ações podem contribuir para evitar atitudes violentas?

De olho na paz, justiça e instituições fortes — Agenda ONU 2030: compromissos e perspectivas para o futuro

A Agenda 2030 é um plano elaborado em 2015 na sede da ONU por líderes de diversos países, que determinaram 17 Objetivos de Desenvolvimento Sustentável (ODS).

A proposta da Agenda é tomar esses objetivos como metas a serem colocadas em prática por todo o mundo, a fim de que a sociedade trilhe um caminho sustentável, buscando a concretização dos direitos humanos, a erradicação da pobreza e a promoção de uma vida digna para todos, com educação, igualdade e consciência ambiental. Desses objetivos o de número 16 é: **Paz, justiça e instituições eficazes**. O primeiro item desse objetivo é: "Reduzir significativamente todas as formas de violência e as taxas de mortalidade relacionada em todos os lugares".

Reprodução/ONU

8. Compare estas frases:

I. Que nossa atitude **mude** o país!

II. Nossa atitude **muda** o país.

III. **Mude** o país!

a) Relacione cada frase ao que ela expressa:

☐ afirmação categórica, certeza ☐ desejo, expectativa ☐ ordem ou pedido

b) Relacione cada frase ao modo da forma verbal em destaque:

☐ indicativo ☐ imperativo ☐ subjuntivo

9. Às vezes, o pretérito imperfeito sugere educação, polidez na forma de pedir algo a alguém, e o presente pode parecer muito "seco" e direto. Em qual das frases a seguir o imperfeito tem esse tipo de emprego?

☐ Sempre **pedia** um livro e lia um pouco antes de dormir.

☐ Não **acreditava** que seu cartão da loteria estivesse premiado.

☐ A senhora **podia** me ajudar? Será que **dava** para segurar este pacote um pouquinho?

10. Há, na língua portuguesa, vários meios para exprimir os diversos valores do imperativo. Veja alguns deles:

- a interjeição **Silêncio!** equivale a **Cale-se!**, **Faça silêncio!**;
- o presente do indicativo em uma frase como **Você vai com seu pai** equivale a **Vá com seu pai!**;
- o futuro do presente em uma frase como **Amarás a Deus sobre todas as coisas** equivale a **Ama a Deus sobre todas as coisas**;
- o infinitivo em uma frase como **Não assinar a prova** equivale a **Não assine a prova**;
- o gerúndio em uma frase como **Andando!** equivale a **Vá andando!**, **Ande!**.

Reescreva as frases a seguir, utilizando formas verbais no imperativo que mantenham o sentido equivalente ao da frase original.

a) Garoto, circulando!

____

b) Mãos ao alto!

____

c) Não bater a porta.

____

d) Você não largará a minha mão na feira.

____

Quando falamos ou escrevemos, podemos não apenas nos referir ao mundo real, ou seja, este em que vivemos, mas também a um mundo possível, hipotético ou imaginário.

Leia a notícia a seguir e responda às questões 11 a 13.

Warner estaria desenvolvendo filme derivado de "Game of Thrones"

Foto: Divulgação/HBO/Pipoca Moderna

Vem aí o primeiro filme de "Game of Thrones"? A revista Variety apurou que a HBO está ativamente discutindo um filme que serviria de prólogo para "Game of Thrones" e "A Casa do Dragão", contando a conquista de Westeros por Aegon I Targaryen. As fontes da publicação afirmam que a HBO está procurando um roteirista e está ansiosa para avançar e iniciar o desenvolvimento do projeto.

Segundo a apuração, a HBO e a Warner Bros. produziriam um filme que poderia potencialmente virar uma nova série, mas os planos ainda são iniciais.

A nova série contaria a história de como Aegon e suas esposas-irmãs, Visenya e Rhaenys, usaram seus exércitos e seus três dragões para conquistar seis dos sete reinos de Westeros, exceto Dorne. Aegon I se tornou o primeiro rei de Westeros, o primeiro a sentar no Trono de Ferro e o fundador da Dinastia Targaryen. Os eventos ocorreram cerca de 300 anos antes dos acontecimentos de "Game of Thrones".

[...]

(Pedro Prado. Disponível em: https://www.terra.com.br/diversao/entre-telas/filmes/warner-estaria-desenvolvendo-filme-derivado-de-game-of-thrones,c5d4972e927f03d1063167d32ac55ad8lgh2v810.html. Acesso em: 10/4/2023.)

11. Releia o primeiro parágrafo do texto, observando as formas destacadas:

> "**Vem** aí o primeiro filme de 'Game of Thrones'? A revista Variety **apurou** que a HBO **está** ativamente **discutindo** um filme que **serviria** de prólogo para 'Game of Thrones' e 'A Casa do Dragão', contando a conquista de Westeros por Aegon I Targaryen. As fontes da publicação **afirmam** que a HBO **está procurando** um roteirista e **está** ansiosa para avançar e iniciar o desenvolvimento do projeto.

Todas as formas verbais destacadas estão no modo indicativo.

a) Quais delas indicam um fato que está acontecendo no presente?

b) Que forma verbal foi empregada no presente, mas com sentido de futuro?

c) Que forma verbal indica um fato que ocorreu no passado?

12. Em relação ao título e aos dois primeiros parágrafos do texto, responda:

a) Em que tempo e modo verbais estão as formas **estaria (desenvolvendo)**, **serviria**, **produziriam** e **poderia (virar)**?

b) De acordo com o texto, qual é a fonte da informação sobre o filme *Game of Thrones*?

c) Discuta com os colegas: Considerando que o filme *Game of Thrones* ainda não havia sido lançado à época da publicação do texto, qual é o sentido pretendido pelo portal de notícias ao empregar essas formas nesse tempo e nesse modo verbais?

13. A respeito deste trecho:

> "Segundo a apuração, a HBO e a Warner Bros. produziriam um filme que poderia potencialmente virar uma nova série, mas os planos ainda são iniciais."

a) Explique a oposição de sentido produzida nesse trecho pelas formas verbais **produziriam** e **poderia (virar)**, de um lado, e **são**, de outro lado.

b) Que palavra desse trecho confirma a ideia de oposição?

PARA ESCREVER COM adequação

Verbos regulares e irregulares

Leia esta tira:

Calvin & Hobbes, Bill Watterson © 1989 Watterson/Dist. by Andrews McMeel Syndication

(Disponível em: https://cultura.estadao.com.br/quadrinhos/bill-watterson,o-melhor-de-calvin,1032298. Acesso em: 9/10/2019.)

1. Na tira, Calvin, apesar de não querer, acaba dando seu caminhão para Moe.

a) Que argumento Calvin usa para não dar o caminhão a Moe?

b) No terceiro quadrinho, o que Moe diz é coerente com suas ações? Por quê?

c) A fala de Calvin no último quadrinho é sincera ou irônica? Por quê?

2. Converse com os colegas e reflita: Moe ofende e ameaça Calvin, em uma atitude de *bullying*. Reflitam: O que é possível fazer em situações como essa? Ou como Calvin poderia lidar com a atitude violenta de Moe?

3. As formas verbais **dá**, **trouxe** e **disse** pertencem a que verbos?

____

4. Conjugue mentalmente, ou oralmente com a turma, os verbos da resposta à questão anterior no presente do indicativo. Depois, conjugue outros verbos, como **tomar** e **prometer**, e compare-os.

a) Quando conjugados, os verbos **tomar** e **prometer** apresentam alterações no radical e nas desinências?

____

____

____

____

b) Quando conjugados, os verbos **dar**, **trazer** e **dizer** apresentam alterações no radical e nas desinências?

____

____

Ao conjugar os verbos **tomar** e **prometer** no presente do indicativo, observamos que eles não apresentam alterações nem no radical nem nas desinências, relativamente ao modelo da 1ª e da 2ª conjugação. Esses verbos e todos os outros que seguem um modelo de conjugação são considerados **regulares**.

Já ao conjugar no mesmo tempo e modo os verbos **dar**, **trazer** e **dizer**, também da 1ª e da 2ª conjugação, verificamos que eles sofrem alterações no radical. Esses verbos e todos os outros que se afastam do modelo de conjugação predominante são considerados **irregulares**.

Para saber se determinado verbo é regular ou irregular, basta conjugá-lo no presente ou no pretérito perfeito do indicativo. Se nesses dois tempos o verbo seguir o modelo dos verbos regulares, nos outros tempos também seguirá, ou seja, ele é regular. Se não, é irregular.

Veja os principais verbos irregulares em algumas pessoas e tempos:

Caber	Dizer
• presente do indicativo: caibo, cabes, cabe, cabemos, cabeis, cabem • pretérito perfeito do indicativo: coube, coubeste, coube, coubemos, coubestes, couberam • futuro do presente do indicativo: caberei, caberás, caberá, caberemos, cabereis, caberão	• presente do indicativo: digo, dizes, diz, dizemos, dizeis, dizem • pretérito perfeito do indicativo: disse, disseste, disse, etc. • futuro do presente do indicativo: direi, dirás, dirá, etc.
Fazer	**Ir**
• presente do indicativo: faço, fazes, faz, fazemos, fazeis, fazem • pretérito perfeito do indicativo: fiz, fizeste, fez, fizemos, fizestes, fizeram • futuro do presente do indicativo: farei, farás, fará, etc.	• presente do indicativo: vou, vais, vai, vamos, ides, vão • pretérito perfeito do indicativo: fui, foste, foi, fomos, fostes, foram • futuro do presente do indicativo: irei, irás, irá, iremos, ireis, irão • futuro do subjuntivo: for, fores, for, formos, fordes, forem

Poder	Pôr
• presente do indicativo: posso, podes, pode, podemos, podeis, podem • pretérito perfeito do indicativo: pude, pudeste, pôde, pudemos, pudestes, puderam • presente do subjuntivo: possa, possas, possa, possamos, possais, possam	• presente do indicativo: ponho, pões, põe, pomos, pondes, põem • pretérito perfeito do indicativo: pus, puseste, pôs, pusemos, pusestes, puseram • futuro do presente do indicativo: porei, porás, porá, etc. • imperfeito do subjuntivo: pusesse, pusesses, pusesse, puséssemos, etc.
Querer	**Saber**
• presente do indicativo: quero, queres, quer, queremos, quereis, querem • pretérito perfeito do indicativo: quis, quiseste, quis, quisemos, etc. • presente do subjuntivo: queira, queiras, queira, queiramos, queirais, queiram	• presente do indicativo: sei, sabes, sabe, sabemos, sabeis, sabem • pretérito perfeito do indicativo: soube, soubeste, soube, soubemos, etc. • presente do subjuntivo: saiba, saibas, saiba, saibamos, saibais, saibam
Trazer	**Valer**
• presente do indicativo: trago, trazes, traz, trazemos, trazeis, trazem • pretérito perfeito do indicativo: trouxe, trouxeste, trouxe, trouxemos, trouxestes, trouxeram • presente do subjuntivo: traga, tragas, traga, tragamos, tragais, tragam	• presente do indicativo: valho, vales, vale, valemos, valeis, valem • presente do subjuntivo: valha, valhas, valha, etc.
Ver	**Vir**
• presente do indicativo: vejo, vês, vê, vemos, vedes, veem • pretérito perfeito do indicativo: vi, viste, viu, vimos, vistes, viram • futuro do presente do indicativo: verei, verás, verá, etc. • futuro do subjuntivo: vir, vires, vir, virmos, virdes, virem	• presente do indicativo: venho, vens, vem, vimos, vindes, vêm • pretérito perfeito do indicativo: vim, vieste, veio, viemos, viestes, vieram • futuro do presente do indicativo: virei, virás, virá, etc. • futuro do subjuntivo: vier, vieres, vier, viermos, vierdes, vierem

Exercícios

1. O texto a seguir explica por que as crianças, ao começarem a falar, usam alguns verbos de uma maneira diferente, até engraçada. Leia-o e, depois, de acordo com o contexto, complete-o com os verbos empregados nos tempos verbais indicados entre parênteses.

Percalços da língua

Mês de outubro: mês das crianças. ______________________ (aproveitar — presente do indicativo), então, para falar dos verbos irregulares, aqueles que ________ (ir — presente do indicativo) sendo modificados ao longo do tempo, por conta da evolução da nossa língua. Você deve estar se perguntando: o que uma coisa tem a ver com a outra? Pois vamos lá!

Quem já ____________ (prestar — pretérito perfeito do indicativo) atenção a uma criança de mais ou menos 2 anos falando, deve ter percebido que ela ________ (dizer — presente do indicativo) "eu fazi", "eu sabo", "eu consego", no lugar de "eu ________" (fazer — pretérito perfeito do indicativo), "eu ________" (saber — presente do indicativo)", "eu ________________" (conseguir — presente do indicativo). Por que isso acontece?

David Jakle/ImageSource/AGB Photo Library

Quando uma criança ________ (dizer — presente do indicativo) "fazi", ela entende que a estrutura de construção do pretérito perfeito do indicativo do verbo fazer é radical faz + desinência de pretérito *i*, já que ___ (ser — presente do indicativo) assim que acontece com outros verbos que ela escuta a sua volta.

[...]

Em outras palavras: ela ________ (fazer — presente do indicativo) uma analogia com a construção dos verbos regulares, que ________ (ser — presente do indicativo) maioria na língua portuguesa, portanto, mais usados pelos falantes. Com o tempo, ela ________ (ir — presente do indicativo) percebendo essas diferenças, e a correção acontece automaticamente. Lá pelos 4 anos, já fala direitinho. É claro que alguns pais, na ansiedade que lhes é peculiar, ________ (dar — presente do indicativo) uma ajudinha, repetindo a forma correta para garantir que a criança não _____ (ir — presente do indicativo) falar assim para sempre! Tudo bem, não ________ (fazer — presente do indicativo) mal, nada de errado com isso...

[...]

(Carmen Pimentel. *Revista Folha Carioca*. nº 102. Rio de Janeiro: Arquimedes Edições. Outubro de 2012, ano 11.)

2. Leia o título e o subtítulo de uma notícia de jornal:

SERVIDOR QUE MANTER GREVE FICARÁ SEM REAJUSTE, DIZ GOVERNO

Governo dá ultimato aos líderes dos movimentos e ameaça não dar aumento algum para quem rejeitar 15,8%

(Disponível em: https://www1.folha.uol.com.br/fsp/cotidiano/62710-servidor-que-manter-greve-ficara-sem-reajuste-diz-governo.shtml. Acesso em: 10/4/2023.)

Os verbos derivados de **ter**, como **manter**, **deter**, **reter**, são por vezes empregados de forma diversa da indicada pela norma-padrão.

a) No título da notícia, qual é o tempo das formas verbais **manter** e **ficará**?

b) O emprego da forma verbal **manter** está de acordo com a norma-padrão? Justifique sua resposta.

c) Levante hipóteses: Esse emprego é de responsabilidade do governo ou do jornal? Por quê?

3. Leia estes versos de Chico Buarque:

"Ah, se eu soubesse, nem olhava a lagoa
Não ia mais à praia
De noite não gingava a saia"

(Se eu soubesse. Disponível em: https://www.vagalume.com.br/chico-buarque/se-eu-soubesse.html. Acesso em: 10/4/2023.)

a) Identifique as formas verbais empregadas no texto e o modo e o tempo em que estão.

b) Do ponto de vista da norma-padrão formal, essas formas verbais não estariam adequadas por falta de correspondência entre os tempos verbais. Explique por quê.

c) Imagine se esse texto fosse ajustado à norma-padrão formal e responda: O uso dessas formas verbais, no tempo em que foram empregados, está adequado à situação? Por quê?

4. Complete as frases a seguir, empregando os verbos nos tempos e modos verbais de acordo com a norma-padrão formal:

a) Se nós ______________ (fazer, imperf. do subj.) o depósito agora, ______________ (ir) mais tranquilos.

b) Se nós ______________ (fazer, fut. do subj.) o depósito agora, ______________ (viajar) mais tranquilos.

c) Se eu ______________ (ver, imp. do subj.) Maria, ______________ (dizer) a ela toda a verdade.

d) Se eu ______________ (ver, fut. do subj.) Maria, ______________ (dizer) a ela toda a verdade.

e) Se ela ______________ (vir, imp. do subj.), nós ______________ (ver) uma solução.

f) Se ela ______________ (vir, fut. do subj.), nós ______________ (ver) uma solução.

DE OLHO NA escrita

C/Ç ou SS?

Fungos caçadores

Estes discretos predadores podem atrair e capturar pequenos animais

godi photo/Shutterstock

Cogumelo Amanita Muscaria, também conhecido como Fly Agaric.

Fungos são fascinantes. Sabemos, por exemplo, que alguns deles brilham no escuro, podem crescer formando curiosos círculos e — imagine! — podem até controlar as mentes de alguns insetos. Em um grupo de organismos assim tão peculiares, pode apostar que também vamos encontrar estratégias alimentares surpreendentes.

Para começar, os fungos podem se alimentar de diferentes maneiras. Muitos, classificados como sapróftas, absorvem seus nutrientes de matéria orgânica (restos de animais e vegetais) em decomposição. Outros são parasitas (como os que causam as micoses) e retiram sua nutrição de hospedeiros animais, vegetais ou até mesmo de outros fungos. Existem também aqueles fungos que se associam a plantas e algas para obter parte dos nutrientes a partir da fotossíntese desses organismos. E há ainda fungos predadores, que capturam e matam pequenos animais para deles se alimentarem! [...]

(Vinicius São Pedro. Fungos caçadores. *Ciência Hoje das Crianças*. Disponível em: https://chc.org.br/artigo/fungos-cacadores/. Acesso em: 10/4/2023.)

1. Qual é a avaliação do autor do texto a respeito dos fungos? Que palavra ou expressão do texto comprova sua resposta?

____

____

2. Identifique no texto uma ou mais palavras em que o fonema /s/ é representado pelas letras:

a) **s**: ____

b) **ss**: ____

c) **c**: ____

d) **sc**: ____

e) **ç**: ____

3. Identifique no texto uma palavra em que a letra **s** tem som de /z/.

____

4. Observe estas palavras:

exílio explicar

A letra **x** pode tanto representar o som /s/ quanto o som /z/.

a) Em qual dessas palavras a letra **x** representa o som /s/? Em qual representa o som /z/?

____

____

____

____

____

b) No texto "Fungos caçadores", há palavras em que a letra **x** representa o som /s/? Se sim, escreva-as.

____

c) E há, nesse texto, palavras em que a letra **x** representa o som /z/? Se sim, escreva-as.

____

5. Forme uma família de palavras a partir das seguintes palavras do texto:

a) **fascinantes**: ___

b) **curiosos**: ___

c) **insetos**: ___

d) **classificados**: ___

e) **parasita**: ___

f) **associam**: ___

6. A palavra **decomposição**, empregada no texto, foi formada com o acréscimo do sufixo **-ção**, que introduz o sentido de "ação" ou "resultado da ação".

a) Forme substantivos a partir das palavras abaixo, agregando o sufixo **-ção**:

- acomodar: ___
- abolir: ___
- abreviar: ___
- absolver: ___
- abstrair: ___
- isentar: ___

b) Os substantivos que você formou no item **a** são concretos ou abstratos? Justifique sua resposta.

___

___

___

___

Na língua portuguesa, o fonema /s/ (som "sê") pode ser representado pelas letras **c**, **ç**, **s**, **ss**, **sc**, **x**, **xc**, **xç** e **z**. Nos anos anteriores, vimos o emprego das letras **s** e **x**. Veja agora o emprego das letras **c**, **ç** e **ss**.

Emprega-se **c** ou **ç**:

- nas palavras de origem árabe, tupi e africana: a**ç**aí a**ç**úcar ca**ç**ula
- após ditongos: elei**ç**ão lou**ç**a coi**c**e
- nas palavras formadas com os sufixos **-aça**, **-aço**, **-ação**, **-ecer**, **-iça**, **-iço**, **-nça**, **-uça**, **-uço**:

barc**aça**	entard**ecer**	cria**nça**
morm**aço**	just**iça**	dent**uça**
embarc**ação**	mac**iço**	dent**uço**

Empregam-se as letras **ss**:

- nas formas verbais do pretérito imperfeito do subjuntivo: amá**ss**emos sentí**ss**emos
- nos substantivos derivados de verbos terminados em **der**, **dir**, **mir** e **tir**, se essas terminações não forem antecedidas por **n** ou **r**:

ce**der** — ce**ss**ão	impri**mir** — impre**ss**ão
regre**dir** — regre**ss**ão	admi**tir** — admi**ss**ão

Exercícios

Leia a tira a seguir.

(Disponível em: www1.folha.uol.com.br/ilustrada/cartum/cartunsdiarios/#11/9/2019. Acesso em: 11/4/2023.)

1. Na tira, há duas lacunas.

a) Complete a tira com os substantivos da mesma família dos verbos **expor** e **meditar**.

b) Com base em sua resposta ao item anterior, forme substantivos para os verbos **dirigir**, **produzir**, **conduzir**.

____

c) Crie substantivos da mesma família dos verbos **reprimir**, **discutir**, **converter**, **suceder**.

____

d) Depois, responda: A qual conclusão você chega a respeito das terminações de substantivos da mesma família ou derivados de verbos?

____

____

____

2. Há, na tira, outras palavras que contêm o fonema /s/ em sua composição. Identifique uma ou mais palavras nas quais:

a) o fonema /s/ é representado pela letra **s**: ______________________________

b) o fonema /s/ é representado pela letra **c**: ______________________________

c) o fonema /s/ é representado pelas letras **ss**: ______________________________

d) o fonema /s/ é representado pela letra **x**: ______________________________

3. O humor da tira é construído com base em uma caracterização irônica do *motoboy*. Pesquise o que é **tao** ou **taoismo** e responda:

a) Qual é o duplo sentido construído pelo título da tira?

____

____

____

____

b) Tendo como pano de fundo o senso comum sobre *motoboys*, como o humor da tira é construído?

____

____

____

____

____

Leia o trecho da reportagem a seguir.

Qual a origem da violência nas torcidas organizadas?

Nem sempre foi assim. Nas últimas duas décadas, grupos de torcedores violentos passaram a provocar tumultos dentro e fora dos estádios

Por Tiago Cordeiro
17 abr 2019, 17h38

[...] Até o começo dos anos 1990, violência nos estádios era notícia vinda da Europa, onde os *hooligans* protagonizavam cenas terríveis, como a morte de 39 pessoas durante um jogo entre o clube inglês do Liverpool e os italianos da Juventus, em 1985. No Brasil, as torcidas organizadas, que existiam desde a década de 1940, eram apenas grupos de torcedores com bandeiras e camisas personalizadas, que viajavam por conta própria para dar apoio ao clube onde quer que ele jogasse.

Quando Corinthians e Flamengo jogavam no Rio de Janeiro, por exemplo, as torcidas cantavam juntas o refrão "Timão e Mengão, amizade de irmãos". Era comum que, em clássicos que reuniam mais de 100 mil pessoas, torcedores dos times que se enfrentavam sentassem lado a lado nas arquibancadas. Tudo isso mudou na medida em que as torcidas organizadas começaram a ser controladas por pessoas ligadas ao crime.

[...]

(Disponível em: https://guiadoestudante.abril.com.br/estudo/qual-a-origem-da-violencia-nas-torcidas-organizadas/. Acesso em: 11/4/2023.)

Celso Pupo/Shutterstock

4. O texto mostra que as torcidas de futebol nem sempre foram inimigas.

a) Quais são os exemplos dados pelo texto para provar que não havia violência entre torcidas de times rivais?

b) Converse com os colegas e responda: O que é possível fazer para que as torcidas voltem a conviver em paz?

5. O adjetivo **violento** e o substantivo **violência** são da mesma família etimológica, ou seja, são palavras com a mesma origem. Observe os adjetivos a seguir e escreva o substantivo da mesma família etimológica.

- existente:
- influente:
- inconsequente:
- obediente:
- aparente:

6. Leia este texto de curiosidade, completando-o com as palavras que seu professor vai ler em voz alta.

Os bichos que viraram mascotes de futebol

Periquito e Porco

O periquito representava o Palmeiras, até ser trocado pelo porco. Durante o Campeonato Paulista de 1969, o Corinthians pediu ________________ à ________________ Paulista de Futebol para contratar 2 jogadores que ________________ 2 que haviam ________________. Todos os clubes concordaram, menos o Palmeiras. Na partida seguinte, a ________________ corintiana protestou contra a "sujeira" ________________ soltando um porco no Estádio do Morumbi antes do jogo. Enquanto o suíno corria, os corintianos gritavam "Dá-lhe, porco!", provocando os ________________. Em 1986, a ________________ resolveu adotar a nova mascote e o coro.

(Marcelo Duarte. Disponível em: https://www.guiadoscuriosos.com.br/esportes/futebol/os-bichos-que-viraram-mascote-de-futebol/. Acesso em: 15/4/2023.)

Reprodução/www.palmeiras.com.br

Reprodução/www.palmeiras.com.br

7. Leia esta tira:

Garfield reclama da chatice de seu tutor. O que o gato pensa da história que Jon pretende contar? Justifique sua resposta com elementos da tira.

____

____

____

____

8. O substantivo **chatice**, empregado na tira, é formado a partir de um adjetivo, acrescido de um sufixo. Deduza:

a) Que adjetivo deu origem à palavra **chatice**? ____________________

b) Que sufixo foi empregado na formação dessa palavra? ____________________

c) O substantivo **chatice** é concreto ou abstrato? ____________________

9. Considerando o modelo de formação da palavra **chatice**:

a) Forme substantivos a partir dos seguintes adjetivos:

- tolo: ____________________
- esquisito: ____________________
- idiota: ____________________
- imundo: ____________________
- meigo: ____________________
- ligeiro: ____________________

b) Os substantivos que você formou são concretos ou abstratos?

____

10. Compare os substantivos que você formou na questão 9. Conclua: Em geral, o sufixo **-ice** forma palavras que nomeiam o quê?

____

____

____

11. Leia os provérbios a seguir e complete as palavras com **ç**, **s** ou **ss**. Depois, dê o sentido de cada provérbio.

a) O pregui______o______o trabalha dobrado.

____

b) Um dia da ca______a, outro do caçador.

____

c) O apre______ado come cru.

____

d) A esperan______a é a última que morre.

____

e) Cachorro mordido por cobra tem medo de lingui______a.

____

12. Em cada um dos itens abaixo, há uma palavra grafada incorretamente. Identifique a palavra e reescreva-a com a grafia apropriada.

a) atrás — após — através — aliás — invés — talves ______

b) exceção — excessivo — excesso — excepcional — expontâneo ______

c) pretensão — cansaço — concessionária — mixto — excursão ______

d) miscigenação — oscilar — discernimento — fassículo — ascensão ______

DIVIRTA-SE

(Disponível em: https://detonamemes.blogspot.com/2012/07/conjugando-verbo.html. Acesso em: 18/4/2023.)

·CAPÍTULO· 2

Vozes do verbo – Agente da passiva

Construindo o conceito

Leia estes quadrinhos de Alexandre Beck:

(*Armandinho oito*. Florianópolis: A. C. Beck, 2016. p. 87.)

1. Armandinho e seus amigos Ana e Pudim conversam sobre Canudos. De acordo com o texto:

a) O que foi Canudos?

____

____

____

b) O que você entende por "comunidade alternativa"?

____

c) Que fim teve Canudos?

____

2. Os quadrinhos também fazem referência à origem da palavra **favela**. Como essa palavra se originou?

3. Observe esta oração do texto:

"Após a campanha de Canudos, os soldados voltaram ao Rio de Janeiro..."

a) Identifique o sujeito dessa oração.

b) O sujeito realiza ou recebe a ação verbal?

4. Agora, observe esta outra oração:

"Por medo e ignorância dos 'cidadãos de bem' da época, foi destruída pelo exército!"

a) Qual é o sujeito da oração? Como ele se classifica?

b) O sujeito realiza ou recebe a ação verbal? Se recebe, é possível identificar o agente da ação?

Canudos

Canudos era uma comunidade de sertanejos situada no interior baiano, no final do século XIX, e liderada pelo religioso Antônio Conselheiro, que criticava o governo republicano nascente.

Reunindo grande número de camponeses, negros e mestiços, o grupo passou a ser visto como uma ameaça ao governo da época. Assim, o exército foi enviado com a missão de debelar um suposto foco monarquista no Sertão. Deu-se início ao conflito em 1896. Um ano depois, a guerra terminou com um saldo de 15 mil mortos, entre civis e militares, neste que foi um dos conflitos mais sangrentos de nossa história.

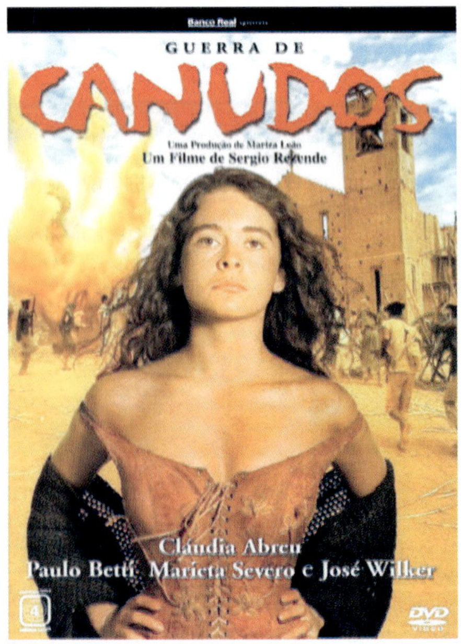

Reprodução/RioFilmes/Columbia Pictures Brasil

› Capa do DVD do filme *Guerra de Canudos*, de Sérgio Resende.

Conceituando

Vozes do verbo

Ao responder às questões anteriores, você notou que o sujeito pode exercer a ação expressa pelo verbo (sujeito agente), como em "os soldados voltaram ao Rio de Janeiro", ou pode sofrer a ação (sujeito paciente), como em "[a comunidade] foi destruída pelo exército".

Quando quem age ou pratica a ação expressa pelo verbo é o sujeito da oração, a voz do verbo é **ativa**. Quando o sujeito da oração sofre a ação, a voz do verbo é **passiva**.

O sujeito ainda pode ser, ao mesmo tempo, agente e paciente da ação verbal. Isso ocorre em orações em que há um verbo reflexivo, como em "Os soldados vestiram-se com a farda.". Nessa oração, os soldados praticam e ao mesmo tempo recebem a ação de vestirem-se. Compare:

- **voz ativa**: "Após a campanha, **os soldados** voltaram ao Rio de Janeiro."
  (os soldados: sujeito agente)

- **voz passiva**: "Por medo e ignorância dos 'cidadãos de bem' da época, **[ela]** foi destruída pelo exército!"
  ([ela]: sujeito paciente)

- **voz reflexiva**: **Os soldados** vestiram-se.
  (Os soldados: sujeito agente e paciente)

Voz é a forma tomada pelo verbo para indicar a relação entre a ação expressa por ele e o sujeito. Essa relação pode ser de atividade, de passividade ou de atividade e passividade ao mesmo tempo.

CONTRAPONTO

O conceito de voz verbal está relacionado com critérios semânticos, ou seja, para determinar a voz é necessário saber quem realiza a ação verbal: se o sujeito (caso de voz ativa) ou se o agente da passiva (caso de voz passiva). Alguns linguistas, entretanto, têm questionado esses critérios.

Por exemplo, a gramática normativa entende que em frases como "O navio afundou" ou "O feijão queimou" existe voz ativa. No entanto, está claro que semanticamente o sujeito mais sofre do que realiza a ação verbal.

Ainda que haja tais divergências de perspectiva, em exames ou outras situações formais em que esse conhecimento é avaliado, convém adotar a análise tradicional da gramática normativa.

O agente da passiva

Leia esta oração:

"Por medo e ignorância dos 'cidadãos de bem' da época, **[ela]** foi destruída **pelo exército**!"
([ela]: sujeito paciente; pelo exército: agente da passiva)

Note que, sendo o sujeito paciente, o agente da ação verbal é o termo **pelo exército**. O agente da ação na voz passiva é chamado de **agente da passiva**.

Agente da passiva é o termo da oração que, na voz passiva, corresponde ao ser que realiza a ação recebida pelo sujeito.

O agente da passiva geralmente é introduzido pela preposição **por/per** e suas contrações — **pelo(s)**, **pela(s)** — e pela conjunção **de**. Veja outros exemplos:

- Canudos estava cercada **de** faveleiras.
- Canudos estava cercada **por** faveleiras.

Mudança de vozes

É possível passar orações da voz ativa para a voz passiva, e vice-versa, desde que o verbo seja transitivo direto ou transitivo direto e indireto.

Há dois tipos de voz passiva:

- **analítica**, que se forma principalmente com os verbos auxiliares **ser** e **estar**;
- **sintética**, que se forma com o pronome apassivador **se**.

Observe as transformações que ocorrem em uma oração quando há mudança da voz ativa para a voz passiva:

- **Voz ativa**

O exército	**destruiu**	a comunidade de Canudos.
sujeito agente	VTD	objeto direto

- **Voz passiva analítica**

A comunidade de Canudos	**foi destruída**	pelo exército.
sujeito paciente		agente da passiva

- **Voz passiva sintética**

Destruiu-se	a comunidade de Canudos.
pronome apassivador	sujeito paciente

Como se vê, acontecem as seguintes transformações:

- O objeto direto da voz ativa torna-se sujeito da voz passiva.
- O sujeito da voz ativa torna-se agente da passiva na voz passiva.
- O tempo do verbo principal (no exemplo dado, **destruiu**, pretérito perfeito do indicativo) é transferido para o verbo auxiliar **ser** (**foi**), enquanto o verbo principal vai para o particípio (**destruída**).

Observações

1. O sujeito é paciente tanto na voz passiva analítica quanto na voz passiva sintética.
2. O verbo, na voz passiva, concorda com o sujeito paciente.
3. Na voz passiva sintética nunca há agente da passiva.

- O verbo no particípio concorda com o sujeito em gênero e número: "A comunidade de Canudos foi destruída" (feminino, singular).
- A preposição **por** (ou **per**) junta-se ao sujeito da voz ativa para formar o agente da passiva (**por** + o artigo **o** = **pelo**).

CONTRA PONTO

Alguns linguistas renomados da atualidade, como Ataliba de Castilho, Sírio Possenti e Marcos Bagno, contrapõem-se à visão da gramática normativa, segundo a qual a oração "Destruiu-se a comunidade de Canudos." está na voz passiva. Para eles, a oração estaria na voz ativa e o pronome **se** teria o papel de indeterminar o sujeito. Desse ponto de vista, "a comunidade de Canudos" seria objeto direto, e não sujeito; logo, não haveria necessidade de o verbo concordar com esse termo em construções como "Destruíram-se várias comunidades.", conforme defende a gramática normativa. Em situações nas quais se exige a norma-padrão, como exames e avaliações institucionais, convém seguir a regra consagrada pela gramática normativa.

Exercícios

Leia o texto a seguir:

Por que capturar um inseto pode acabar em multa

Em 21 de junho, Luís Paulo dos Santos Pereira, estudante de Engenharia Florestal da Universidade de Brasília (UnB), andava por uma área do Serviço Florestal Brasileiro, ao lado do campus universitário, com uma rede coletando insetos para uma tarefa de aula, quando foi abordado e multado por um fiscal do Ibama.

Ele foi autuado por coletar espécimes da fauna silvestre sem autorização, e a multa aplicada foi de R$ 500 por cada inseto. Como ele estava com cinco na mochila, foi multado em R$ 2,5 mil, além de ter sua rede apreendida.

Multas como a imposta a Pereira são raras, mas, ao menos em tese, é proibido coletar insetos sem autorização em todo o território nacional (e não apenas em áreas de proteção), por conta de uma legislação que causa polêmica entre cientistas brasileiros — alguns a consideram um "exagero regulatório".

Enquanto em casa devemos exterminar insetos indesejados, de mosquitos a baratas, em ambientes naturais externos é proibido coletar animais para pesquisa sem autorização prévia.

As restrições se aplicam também a empresas que usem insetos para atividades de pesquisa e de desenvolvimento tecnológico (explorações econômicas em cima da fauna não são abrangidas pela legislação).

[...]

(Disponível em: https://g1.globo.com/natureza/noticia/2019/12/20/por-que-capturar-um-inseto-pode-acabar-em-multa.ghtml. Acesso em: 14/4/2023.)

Fotos: irin-k/Shutterstock

1. Qual é sua opinião sobre o fato relatado no texto: Deve continuar havendo restrições à coleta de insetos para fins de pesquisa em ambientes naturais ou os pesquisadores devem ter liberdade para fazer suas coletas?

2. Em relação ao primeiro parágrafo do texto, examine a frase a seguir:

> "Em 21 de junho, Luís Paulo dos Santos Pereira [...] andava por uma área do Serviço Florestal Brasileiro [...] quando foi abordado [...] por um fiscal do Ibama."

a) Qual é o sujeito da oração: "Em 21 de junho, Luís Paulo dos Santos Pereira [...] andava por uma área do Serviço Florestal Brasileiro"? O sujeito é agente ou paciente?

b) Essa oração está na voz ativa ou na voz passiva?

c) E qual é o sujeito da oração: "quando foi abordado [...] por um fiscal do Ibama"? O sujeito é agente ou paciente?

d) Logo, a oração "quando foi abordado [...] por um fiscal do Ibama" está na voz ativa ou na voz passiva?

e) Qual é a função de "por um fiscal do Ibama"?

3. Agora, observe este outro trecho do texto:

> "Ele foi autuado por coletar espécimes da fauna silvestre sem autorização [...]."

a) Quantas orações há nesse trecho?

b) A primeira oração está na voz ativa ou na voz passiva?

c) Há agente da passiva em uma das orações?

d) A oração "por coletar espécimes da fauna silvestre sem autorização" indica:

- [ ] o agente da autuação.
- [ ] a causa da autuação.
- [ ] a finalidade da autuação.

Fotos: irin-k/Shutterstock

4. Observe estas orações:

- O pesquisador foi abordado por um fiscal do Ibama.
- "Enquanto em casa devemos exterminar insetos indesejados [...]."
- "[...] explorações econômicas em cima da fauna não são abrangidas pela legislação [...]."

a) Qual (quais) dessas orações está(estão) na voz ativa?

b) Qual (quais) dessas orações está(estão) na voz passiva?

c) Transforme a(s) oração(ões) que está(ão) na voz ativa em voz passiva e vice-versa.

d) Compare as orações escritas por você no item **c** às orações originais. Depois, discuta com os colegas e o professor as alterações de sentido causadas pela mudança nas vozes e conclua: Que fatores podem influenciar a escolha do tipo de construção em um texto jornalístico?

5. Em relação ao trecho "As restrições se aplicam também a empresas que usem insetos para atividades de pesquisa e de desenvolvimento tecnológico", a oração "As restrições se aplicam também a empresas" está na voz passiva sintética.

a) Passe-a para a voz passiva analítica.

b) Qual é o sujeito da oração nas duas vozes passivas?

Leia esta tira de Alexandre Beck:

(*Armandinho dez*. Florianópolis: A. C. Beck, 2018. p. 75.)

6. A tira faz uma crítica social.

a) Qual é o alvo da crítica?

b) Qual é a relação entre a imagem e a frase "Você vale aquilo que tem"?

c) Qual é a diferença entre ser cidadão e ser apenas consumidor?

d) Por que Fê oferece um copo de água ao Pudim?

e) Troque ideias com os colegas: Que valores podem ser distorcidos pela propaganda? Dê exemplos.

7. No primeiro quadrinho:

a) Qual é o sujeito da oração? Ele é agente ou paciente?

b) Portanto, a oração está na voz ativa ou na voz passiva?

c) Há agente da passiva expresso na oração? Se sim, identifique-o.

© Armandinho, de Alexandre Beck/Acervo do cartunista

8. No último quadrinho, há uma oração na voz passiva.

a) Identifique-a. Ela é analítica ou sintética?

b) O agente da passiva está expresso nessa oração? Se não, infira: Qual pode ser o agente da passiva?

c) Como ficaria essa oração se ela fosse passada para a voz ativa?

As vozes verbais NA CONSTRUÇÃO DO TEXTO

Leia, a seguir, parte de um cordel da escritora cearense Jarid Arraes.

Aqualtune

Como filha de um rei
Aqualtune era princesa
Era no reino do Congo
Da mais alta realeza
E na tradição que tinha
Encontrava fortaleza.

Lá no Congo era feliz
De raiz no ancestral
Mas havia outros reinos
Dos quais Congo era rival
E por isso houve guerra
Com desfecho vendaval.

Filipe Rocha/Acervo da editora

Na disputa dessa guerra
Foi seu povo humilhado
E o reino de seu pai
Foi vendido como escravo
Mais de dez mil lutadores
Igualmente enjaulados.

Aqualtune foi vendida
Em escrava transformada
Foi levada para um porto
Onde foi então trocada
Por moeda, por dinheiro
Pruma vida aprisionada.

Acabou num navio negreiro
Que ao Brasil foi viajar
Nos porões do sofrimento
Muito teve que enfrentar:
As doenças e tristezas
E a maldade a transbordar.
[...]

(Jarid Arraes. *Heroínas negras brasileiras em 15 cordéis*. São Paulo: Seguinte, 2020. p. 27-28.)

1. O poema apresenta uma estrutura típica da literatura de cordel, de forte tradição nordestina.

a) Quantos versos tem cada estrofe?

____

b) Há rimas nas estrofes? Se sim, como elas se organizam?

____

c) Se possível, faça a escansão de alguns versos e identifique o tipo de verso que foi empregado.

d) Como o ritmo dos versos é construído?

Aqualtune: resistência e luta

Aqualtune era filha do rei congolês Mani-Kongo, que sofria ataques constantes de forças portuguesas e angolanas. Essas duas forças ganhavam dinheiro com a prática da escravização.

Aqualtune liderou um exército de 10 mil guerreiros em defesa de seu território e de seu povo. Mas, com a derrota, o rei foi decapitado e a princesa foi escravizada, vendida para traficantes e trazida ao Brasil.

Na Colônia, ela liderou um grupo de escravizados e foi uma das fundadoras do quilombo Zumbi dos Palmares. Aqualtune foi mãe de Ganga Zumba e avó de Zumbi dos Palmares e, segundo alguns historiadores, teria morrido em 1650.

Cesar Diniz/Pulsar Imagens

Parque Memorial Quilombo dos Palmares na Serra da Barriga, Alagoas (2022).

2. No cordel, a escritora conta a história de Aqualtune.

a) Quem era Aqualtune antes de vir ao Brasil?

b) Que fato determinou a desgraça de seu povo?

c) Que destino teve Aqualtune?

3. O cordel foi publicado na obra *Heroínas negras brasileiras em 15 cordéis*. Deduza: Sob qual ponto de vista a escritora conta a história de Aqualtune?

4. Releia esta estrofe do poema:

"Na disputa dessa guerra
Foi seu povo humilhado
E o reino de seu pai
Foi vendido como escravo
Mais de dez mil lutadores
Igualmente enjaulados."

Filipe Rocha/Acervo da editora

a) Quantas orações há nesses versos?

____

b) Identifique o sujeito de cada uma das orações. Esses sujeitos são agentes ou pacientes?

____

____

____

c) Logo, em que voz verbal estão essas orações?

____

d) Há algum agente da passiva expresso nas orações?

____

e) Passe essas orações para a outra voz, isto é, se estiverem na voz ativa passe para a passiva e vice-versa.

____

____

____

5. Agora, observe a quarta estrofe do poema:

"Aqualtune foi vendida
Em escrava transformada
Foi levada para um porto
Onde foi então trocada
Por moeda, por dinheiro
Pruma vida aprisionada."

Filipe Rocha/Acervo da editora

a) Quantas orações há nessa estrofe?

____

b) Qual é o sujeito dessas orações? Ele é agente ou paciente?

c) As orações estão na voz ativa ou na voz passiva?

d) Há agente da passiva expresso?

6. Observe as estrofes que você analisou nas questões 4 e 5.

a) Compare os versos analisados nessas questões aos versos das duas primeiras estrofes do texto. Que diferença há entre os dois conjuntos de estrofes quanto ao predomínio de vozes verbais?

b) Considerando o conteúdo do poema, explique por que há diferença entre o predomínio do tipo de voz verbal empregado.

c) Levante hipóteses: Por que o agente da passiva foi omitido no poema?

SEMÂNTICA E DISCURSO

Leia esta tira de Laerte:

Laerte/Acervo da Cartunista

(Disponível em: http://manualdominotauro.blogspot.com/2017/10/. Acesso em: 13/5/2023.)

1. Na tira, a personagem faz uma pergunta a uma câmara. Deduza: Pela pergunta, como a personagem se sente diante de aparelhos como esse?

____

2. No 3º quadrinho, a câmara responde para a personagem.

a) Como você entende a palavra **subjetividade** empregada na resposta?

____

____

____

b) Por que o aparelho afirma que seria impossível assumir uma subjetividade para responder **sim**?

____

____

3. Releia o 1º quadrinho e responda às questões.

a) Qual é o sujeito da oração "Você está me vigiando"? É um sujeito agente ou paciente?

____

b) Qual é o complemento da locução verbal "está vigiando"?

____

c) Em que voz verbal está a oração: ativa ou passiva?

____

4. Releia o 4º quadrinho e responda às questões.

a) Qual é o sujeito da oração "Eu estou sendo vigiada"? É um sujeito agente ou paciente?

b) Em que voz verbal está a oração: ativa ou passiva?

c) Nessa tira, há agente da passiva explícito? Se não, quem ou o que poderia ser o agente da ação?

5. O humor da tira nasce da contraposição semântica entre o 1º e o 4º quadrinhos. Como você explica a aparente contradição entre o que a câmara afirma nos dois quadrinhos?

6. Considerando o conteúdo da tira — o monitoramento eletrônico das cidades e o controle constante, por parte de alguém, de nossas ações —, por que as vozes verbais cumprem um papel fundamental no texto?

Leia o texto ao lado e responda às questões 7 a 9.

Reprodução/Arquivo da editora

7. Pelas características do texto:

a) A que gênero pertence? Qual é o suporte?

____

____

____

b) Em que lugares é possível encontrar um texto como esse?

____

____

____

c) A quem se destina?

____

8 Reescreva a frase, colocando-a na voz passiva analítica e na voz ativa.

____

____

____

9. Compare estas orações:

Aluga-se esta casa.	Esta casa é alugada.

Ambas as orações estão na voz passiva, contudo, levando em conta o uso corrente dessas frases no português brasileiro, é possível dizer que elas apresentam o mesmo sentido? Troque ideias com o professor e com os colegas. Em que situações e com que finalidade empregamos uma e outra?

____

____

____

____

____

____

PARA ESCREVER COM adequação

Formação de palavras por composição

Leia esta tira, de Fernando Gonsales, e responda às questões 1 a 3.

(*Folha de S.Paulo*, 15/9/2019.)

1. Na tira, o homem conta uma curiosidade ao cavalo.

a) Levante hipóteses: Por que o homem achou que o cavalo se interessaria pelo assunto?

b) Que aspectos verbais e não verbais constroem o sentido de que o cavalo estaria mal-humorado?

2. Observe as seguintes palavras:

cavalo-marinho mal-humorado debaixo

a) O que há de comum na formação dessas três palavras?

b) Em sua formação, há a perda de sons dos termos que as compõem?

3. A palavra **escaldante** tem como origem **escaldo**, termo que veio do latim.

a) Como a palavra **escaldante** foi formada?

b) Que outras palavras você conhece que também terminam com a mesma partícula (sufixo)?

c) Compare as palavras que você escreveu no item **b** e tente chegar a uma conclusão: Qual é o papel dessa partícula?

Você já estudou a formação de palavras por derivação prefixal e sufixal, ou seja, pela combinação de afixos antes e depois das palavras, alterando seu sentido. O sufixo **-ante** foi adicionado ao final da palavra **escaldo** para a formação de **escaldante**. Na derivação prefixal, as partículas são adicionadas antes das palavras. Veja os exemplos a seguir:

- **Derivação prefixal**

  *in*feliz / *des*fazer / *re*juvenescer / *anti*mofo

- **Derivação sufixal**

  gentil*eza* / simples*mente* / harmoni*oso*

Já as outras três palavras destacadas da tira — **cavalo-marinho**, **mal-humorado** e **debaixo** — são termos constituídos por outro processo de formação de palavras: a **composição**, que consiste em formar palavras por meio da união de dois ou mais radicais.

No caso dos três termos analisados, não houve perda de sons dos termos que os compõem. Por isso, dizemos que são palavras formadas por **justaposição**. Além desse processo, a composição pode ser feita com a perda de algum som, no processo de **aglutinação**. Observe:

- **Composição por justaposição**

  segunda-feira / passatempo / girassol / couve-flor

- **Composição por aglutinação**

  planalto / aguardente / hidravião / pontiagudo

Exercícios

Leia este texto e responda às questões 1 a 4.

https://

Mundo Estranho, Tecnologia

Como funciona uma usina hidrelétrica?

Mecanismos especiais transformam rio represado em gerador de eletricidade

O princípio básico é usar a força de uma queda-d'água para gerar energia elétrica. Essas usinas possuem enormes turbinas, parecidas com cata-ventos gigantes, que rodam impulsionadas pela pressão da água de um rio represado. Ao girar, as turbinas acionam geradores que produzirão energia.

No Brasil, as hidrelétricas são as principais responsáveis pela luz que não nos deixa no escuro. Se bem que, no ano passado, vivemos na sombra do apagão, um período de racionamento provocado, entre outros motivos, pela falta de chuvas. Mas o que as chuvas têm a ver com eletricidade? É que, quando há um período grande de seca, os rios perdem volume e o nível do reservatório das usinas cai, diminuindo a força da queda-d'água. Assim, as turbinas giram mais lentamente e produzem menos energia.

[...]

(Disponível em: https://super.abril.com.br/mundo-estranho/como-funciona-uma-usina-hidreletrica/. Acesso em: 17/4/2023.)

Jose Luis Stephens/Shutterstock

Visão aérea da Usina hidrelétrica de Itaipu, no Rio Paraná.

1. O texto é um artigo de divulgação científica.

a) Qual é seu objetivo?

____

b) Com base na explicação dada pelo texto, deduza: Por que esse tipo de usina é chamado de **hidrelétrica**?

____

____

____

____

2. Há no texto o emprego de três palavras formadas por composição.

a) Identifique-as.

____

b) Classifique cada uma delas pelo processo de composição por justaposição ou por aglutinação.

____

____

3. Um dos termos indicados por você na questão anterior admite outro processo de formação.

a) Qual é ele e qual outra forma admite?

____

____

b) Identifique o processo de formação do novo termo apontado por você no item **a**.

____

____

4. Observe os seguintes trechos do texto:

- "Mecanismos especiais transformam rio represado em **gerador** de eletricidade"
- "O princípio básico é usar a força de uma queda-d'água para **gerar** energia elétrica."

a) Explique a relação entre as palavras destacadas.

____

____

b) Observe as palavras a seguir e localize outras palavras no texto formadas a partir do mesmo radical. Em seguida, indique também qual foi o processo que deu origem a cada uma delas.

- reservar: ______
- lento: ______
- elétrico: ______

5. No quadro a seguir, há palavras que apresentam alguns radicais examinados por você nas questões anteriores. Leia-o.

catapora	catacumba	eletrizante
danado	gerativo	catassol
geração	cata-piolho	gigantesco
dalém	dalgum	hidreletricidade
agigantar	hidrácido	hidravião

a) Identifique, entre as palavras, quais foram formadas pelo processo de composição. Classifique-as.

______

______

b) Troque ideias com os colegas e o professor e tente deduzir o sentido de cada uma das palavras indicadas por você no item **a**.

______

______

______

______

______

c) Consulte um ou mais dicionários e confronte os significados apontados por eles com os que você apresentou no item **b**. Houve alguma divergência?

______

______

______

______

______

Leia a capa deste almanaque:

Reprodução/Editora Girassol

6. Com base na capa do almanaque, responda:

a) A quem provavelmente ele se destina? Justifique sua resposta.

____

____

____

b) Qual é o provável conteúdo do almanaque?

____

____

c) Qual é o nome da editora que publica o almanaque?

____

____

7. Observe o processo de formação das palavras **passatempos** e **girassol**.

a) Quais são as palavras combinadas para sua formação?

____

b) Houve perda de algum som das palavras combinadas?

____

c) Houve adição de algum som na combinação das palavras?

____

8. Há algumas palavras na língua que, historicamente, foram formadas a partir do processo de composição. Contudo, dado o distanciamento histórico, já não temos mais consciência do processo de formação dessas palavras. Tente descobrir os radicais que, no passado, deram origem às palavras a seguir. Se necessário, consulte um dicionário.

a) embora: ______________________

b) vinagre: ______________________

c) fidalgo: ______________________

d) destarte: ______________________

DE OLHO NA escrita

Emprego do hífen

Leia esta tira e responda às questões 1 e 2.

(Bill Watterson. *O mundo é mágico – As aventuras de Calvin & Haroldo*. São Paulo: Conrad Editora, 2007. p. 51.)

1. Calvin mostra para Haroldo uma borboleta que apreendeu.

a) Pelos aspectos verbais e não verbais do primeiro quadrinho, qual parece ser o estado emocional de Calvin?

____

b) Esse estado é modificado ao longo da tira. Qual é a causa dessa mudança?

c) A resposta de Haroldo apresenta uma crítica à nossa sociedade. Em que consiste essa crítica?

2. Na tira, há o emprego de uma palavra composta.

a) Identifique a palavra.

b) Por qual processo de composição ela é formada?

c) Compare-a com os seguintes termos: **segunda-feira**, **fim de semana**, **pontapé**. Discuta com os colegas as seguintes questões:

- Por que a palavra **segunda-feira** apresenta hífen e as outras duas não?
- Há uma lógica no emprego do hífen, ou na junção de duas ou mais palavras em uma, ou isso é fruto de uma convenção ortográfica?

Na formação de palavras compostas, há casos em que o hífen é empregado e casos em que seu uso é dispensado. Essas regras são convenções e, atualmente, seguem o Acordo Ortográfico da CPLP (Comunidade de Países de Língua Portuguesa), em vigor desde 2009.

Conheça algumas dessas regras:

- O hífen é utilizado nas palavras compostas por justaposição sem elementos de ligação, quando cada um dos termos mantém significado próprio, ou seja, quando a ideia de composição é clara: segunda-feira, arco-íris, decreto-lei, ano-luz, guarda-chuva, sul-africano.
- Não se usa hífen quando a palavra formada por composição não mantém o sentido de cada um dos termos que a compõem, ou seja, quando se perdeu a noção de composição: girassol, mandachuva, pontapé, paraquedas, maldizer.
- Não se usa hífen nas locuções substantivas, adjetivas, adverbiais: fim de semana, dia a dia, sala de jantar, cão de guarda.
- Usa-se hífen em locuções consagradas pelo uso, com significado próprio: água-de-colônia, arco-da-velha, cor-de-rosa, mais-que-perfeito, pé-de-meia, ao deus-dará.

Nas palavras compostas por aglutinação, por haver uma fusão dos termos, com alteração dos elementos formadores da palavra, não há o uso de hífen: planalto, petróleo, pernalta.

Exercícios

Leia este artigo de divulgação científica:

Como o beija-flor fica suspenso no ar?

A técnica é chamada de voo invertido.

Em primeiro lugar, a agilidade dessa ave é garantida pela velocidade do batimento de suas asas, muito maior que a de outros pássaros — chegando, em alguns casos, ao impressionante número de 80 batidas por segundo. Mas o verdadeiro segredo é outro. "Ao contrário das outras aves, o beija-flor não agita as asas para cima e para baixo, mas para a frente e para trás, na horizontal", afirma o ornitólogo Luiz Francisco Sanfilipeo, do Parque Zoológico de São Paulo. Como a ligação da asa com o corpo não é rígida, ela pode ser revirada como uma hélice. Assim, de maneira semelhante a um helicóptero, formam-se redemoinhos de ar que mantêm o pássaro pairando.

Esse voo invertido, porém, só é adotado quando o beija-flor quer se alimentar, dispensando-o de pousar junto às flores. Outra coisa: se a força realizada com a asa na posição dianteira fosse a mesma da posição traseira, o beija-flor não se moveria. Mas o bichinho desloca-se para a frente e para trás alterando a potência em cada uma das fases da batida. O vaivém de poucos centímetros para a frente e para trás é necessário para ficar em uma posição mais cômoda em relação à flor...

Chelsea Sampson/Shutterstock

(Disponível em: https://super.abril.com.br/mundo-estranho/como-o-beija-flor-fica-suspenso-no-ar/. Acesso em: 17/4/2023.)

1. Responda às questões a seguir.

a) Considerando o objetivo do texto e que seu título é uma pergunta, levante hipóteses: Que efeito é criado pela presença da pergunta no título?

____

____

____

b) Sintetize o conteúdo do artigo: Qual é a resposta à pergunta-título do texto?

2. Há o emprego de duas palavras compostas por justaposição no texto: **beija-flor** e **vaivém**.

a) As duas estão grafadas de acordo com as regras de emprego do hífen? Justifique sua resposta.

b) Forme duas palavras compostas com **flor**, empregando ou não o hífen. Depois, indique se elas foram formadas por justaposição ou por aglutinação.

3. A palavra **ornitólogo** é formada pela junção de radicais gregos: *ornito* + *logos*. Observe seus significados:

- **ornito:** ave
- **logos:** palavra, discurso, ciência.

a) Qual é o sentido de **ornitólogo**, com base no significado dos radicais gregos que formam o termo?

b) Forme outras duas palavras, empregando ao menos um dos radicais.

c) A palavra **helicóptero** é formada também pela junção de radicais gregos. Consulte um dicionário e tente descobrir quais são os seus radicais e qual é o sentido de cada um deles.

4. Preencha as lacunas nas frases abaixo, optando por uma das grafias entre parênteses:

a) O ______________________ (paraquedista/para-quedista) quebrou o recorde de salto mais longo.

b) Meu ______________________ (guardarroupa/guarda-roupa) está uma bagunça! Preciso arrumá-lo.

c) Os atletas ______________________ (latinoamericanos/latino-americanos) foram destaque nas últimas competições.

d) Meu ______________________ (passatempo/passa-tempo) favorito é assistir a filmes de comédia.

e) Todo dia, Ana toma ______________________ (café com leite/café-com-leite) ao acordar.

DIVIRTA-SE

Will Leite/Acervo do cartunista

(Disponível em: https://www.chavalzada.com/2017/05/tirinhas-de-segunda_7.html. Acesso em: 24/4/2023.)

CAPÍTULO 3

Predicativo do objeto e predicado verbo-nominal

Construindo o conceito

Leia este texto de campanha:

Reprodução/OAB, MG.

1. Agora, responda:

a) Qual é o objetivo da campanha que o texto divulga?

b) Qual é a entidade responsável pelo texto?

c) A quem ele se destina?

d) Explique a relação entre a linguagem visual do texto e seu conteúdo.

2. Observe a frase central do texto:

"Faça uma criança feliz!"

a) Em que modo está a forma verbal **faça**?

b) Qual é o sujeito da oração?

c) Como se justifica a escolha desse modo verbal e do interlocutor a quem o texto se dirige?

d) Que relação tem a data-limite para a entrega das doações — 10/10 — com o objetivo da campanha?

3. A respeito da forma verbal **faça**, responda:

a) Qual é sua predicação?

b) Se, na frase, essa forma verbal tiver complemento, indique-o e classifique-o.

4. Sobre a palavra **feliz** responda:

a) A que classe gramatical ela pertence?

b) A que outro termo da oração ela se refere: ao sujeito ou à palavra **criança**? Que característica ela atribui a esse outro termo?

Conceituando

Predicativo do objeto e predicado verbo-nominal

Você observou que, na frase "Faça uma criança feliz!", o adjetivo **feliz** caracteriza o objeto direto **criança**, que desempenha a função de objeto direto da forma verbal **faça**. Quando um termo modifica um objeto direto, atribuindo-lhe característica, dizemos que sua função é de **predicativo do objeto**.

> **Predicativo do objeto** é o termo da oração que modifica o objeto direto ou o objeto indireto, sendo núcleo do predicado juntamente com um verbo significativo.

Veja outros exemplos:

Ela	nunca	vê	Maria	**calma**.
suj.		VTD	OD	pred. do objeto

Ele	o	deixou	**chateado**.
suj.	OD	VTD	pred. do objeto

Às vezes, o predicativo vem precedido de preposição ou conectivo.

Observe:

Ninguém	o	chamava	**de tolo**.
suj.	OD		pred. do objeto

Em anos anteriores, você já estudou que, em orações nas quais há um verbo de ligação, o núcleo do predicado não é o verbo, mas sim um nome, cuja função sintática é a de predicativo do sujeito. Assim, tem-se um predicado nominal. Você também sabe que o predicado verbal é aquele que apresenta como núcleo um verbo significativo. Observe:

A campanha	é	solidária.
sujeito	VL	predicativo do sujeito
	predicado nominal	

A campanha	estimula	doações.
sujeito	VTD	OD
	predicado verbal	

Além desses dois tipos de predicado, há ainda um terceiro tipo: o que apresenta dois núcleos, um constituído por um verbo significativo e outro constituído por um predicativo (do sujeito ou do objeto). Esse tipo de predicado é chamado de **verbo-nominal**. Veja:

	núcleo		núcleo
A campanha	faz	as crianças	felizes.
sujeito	VTD	OD	predicativo do objeto
	predicado verbo-nominal		

Nessa frase, como o termo **as crianças** é objeto direto do verbo **fazer**, dizemos que o adjetivo **felizes** desempenha a função sintática de predicativo do objeto. Os núcleos do predicado são dois: o verbo **fazer** e o predicativo **felizes**. Portanto, "faz as crianças felizes" é um **predicado verbo-nominal**.

Assim:

Predicado verbo-nominal é aquele que apresenta dois núcleos: um verbo significativo e um predicativo (do sujeito ou do objeto).

Morfossintaxe do predicativo do objeto

A função de predicativo do objeto pode ser exercida por palavras de duas classes gramaticais: o substantivo e o adjetivo.

substantivo
Sempre achei você um **gênio**.
pred. do objeto

adjetivo
Considero seu comentário **infeliz**.
pred. do objeto

Exercícios

1. Nas frases que seguem:

- circule o sujeito e o objeto direto;
- grife o predicativo do sujeito e o predicativo do objeto;
- faça um quadrado ou retângulo em volta do verbo significativo que compõe o predicado verbo-nominal.

Veja o modelo:

> O pai ficou orgulhoso quando viu seu filho campeão.

a) Aflitos, os alunos consideraram os colegas preparados para a prova.

b) Os turistas sentiram-se frustrados ao encontrar o museu interditado.

c) Marcos, desconfiado, julgou o rapaz suspeito do crime.

2. Nas frases que seguem, elimine o verbo de ligação e junte os predicados. Depois, oralmente, identifique o objeto direto e o predicativo do objeto das novas frases. Veja o modelo:

> - Encontrei meus amigos no *shopping*. Eles estavam sozinhos.
> - Encontrei meus amigos sozinhos no *shopping*.
>
> OD: meus amigos; predicativo do objeto: sozinhos; predicado verbo-nominal: Encontrei "meus amigos sozinhos no *shopping*".

a) O professor observou os alunos no jogo. Os alunos estavam perseverantes.

b) Minha mãe encontrou seu carro no ferro-velho. O carro estava intacto.

c) As crianças trouxeram brinquedos da festa. Os brinquedos estavam quebrados.

d) Vi meu celular dentro da pia. Ele estava molhado.

Leia a seguir um trecho de uma crônica de Antonio Prata e responda às questões 3 a 5.

"Uma das lendas urbanas mais comuns da minha infância — não só urbana, aliás, mas também rural e praiana, uma vez que o mito atingia com a mesma eficácia o interior e o litoral — era que tal ou qual piscina recebia um produto especial capaz de deixar a água vermelha em contato com o xixi.

Tenho dúvidas, hoje, se a ameaça colaborava mais com a pureza ou com a poluição das águas, afinal, crianças são por natureza questionadoras e a promessa de uma rubra nebulosa se formando em torno do próprio corpo era ao mesmo tempo uma advertência e um convite. Confesso que eu mesmo, mais de uma vez, testei o alarme cromático — e, com partes iguais de alívio e decepção, saí ileso.

Não deve ser difícil criar tal produto. [...] Que não o tenhamos produzido até hoje sugere não ser essa uma prioridade da raça humana ou, pior, insinua uma tácita cumplicidade global: quem nunca?

[...]."

(Disponível em: https://www1.folha.uol.com.br/colunas/antonioprata/2019/07/musica-maestro.shtml. Acesso em: 19/4/2023.)

Filipe Rocha/Acervo da editora

3. Segundo o autor, havia uma lenda urbana em sua infância.

a) Qual era essa lenda?

b) Segundo o texto, essa lenda era eficiente na resolução do problema para o qual foi criada? Justifique sua resposta.

c) Sugira um complemento para a última frase do texto, considerando o conteúdo.

4. Observe o trecho:

"um produto especial capaz de deixar a água vermelha"

a) Reescreva-o, sem mudar substancialmente o seu sentido, construindo uma frase com a estrutura sujeito, verbo, objeto e predicativo do objeto.

b) Classifique o predicado da frase escrita por você no item **a**, justificando sua resposta.

5. Classifique o predicado destas orações:

a) Esta lenda urbana era comum na infância do autor.

b) O autor julga a estratégia questionável.

c) "Crianças são por natureza questionadoras".

d) "Eu mesmo, mais de uma vez, testei o alarme cromático".

e) A situação insinua uma tácita cumplicidade global.

f) Não se considera o assunto prioritário.

O predicativo do objeto NA CONSTRUÇÃO DO TEXTO

Leia o anúncio e responda às questões.

(Disponível em: www.sotitulos.com.br/honda-6/. Acesso em: 24/4/2023.)

1. Relacione as partes verbal e não verbal do texto.

a) A quem se refere o pronome **ela** no contexto?

____

b) Quem é o responsável pelo anúncio e qual é o seu principal objetivo?

____

____

____

c) A quem o anúncio se dirige?

____

____

2. Releia a primeira frase do anúncio:

Reprodução/ www.sotitulos.com.br

a) Identifique as formas verbais utilizadas, bem como os modos nos quais elas estão conjugadas.

b) O sentido dessas formas verbais sugere uma conotação positiva ou negativa em relação ao produto anunciado? Justifique sua resposta.

Agora, releia a segunda frase do anúncio para responder às questões 3 e 4:

Reprodução/ www.sotitulos.com.br

3. Essa frase é construída em torno da forma verbal **vê**.

a) Identifique seu sujeito e seu complemento.

b) Qual é a predicação do verbo **ver** nesse contexto? Como se classifica, então, seu complemento?

c) Há uma particularidade nesse complemento verbal tendo em vista a forma como essa frase foi construída e sua relação com a norma-padrão. Troque ideias com seus colegas e o professor e conclua: Qual é essa particularidade?

d) Reescreva essa frase de acordo com as regras da norma-padrão e compare as duas versões. Levando em conta o contexto, as duas causam o mesmo impacto no leitor? Justifique sua resposta.

4. O termo **parada** tem um importante papel no contexto do anúncio.

a) A que outro termo da frase ele se refere?

b) Conclua: Qual é a função sintática desse termo na frase em estudo? Justifique sua resposta.

c) Interprete: Que característica do produto anunciado é inferida por esse termo? Por que essa característica é importante no contexto do anúncio?

Leia este anúncio, publicado em uma revista em 1957:

(Disponível em: https://www.propagandashistoricas.com.br/2020/09/sabonete-palmolive.html. Acesso em: 19/4/2023.)

1. A respeito do anúncio, responda:

a) Qual é o produto anunciado?

b) A quem o anúncio se destina? Justifique sua resposta.

c) Que argumentos verbais o texto utiliza para persuadir o interlocutor?

d) Os aspectos visuais do anúncio estão em sintonia com a parte verbal? Por quê?

2. O anúncio lido fez bastante sucesso na época em que foi publicado. Troque ideias com os colegas e o professor:

a) Levante hipóteses: Que valores da época do anúncio podem ser apreendidos pela leitura dele?

b) Troque ideias com os colegas e o professor e depois responda: Os anúncios de hoje em dia ainda mantêm as características identificadas por você no item **a**?

c) Considerando suas respostas aos itens anteriores, qual é sua opinião sobre o anúncio lido, seus recursos gráficos e seus argumentos de persuasão? Nos dias de hoje, esse anúncio faria sucesso?

d) Em que a publicidade dos dias de hoje difere desse anúncio?

3. Leia estas orações do texto.

- "Palmolive é 100% suave..."
- "Milhões de mulheres estão conservando a pele jovem e linda com Sabonete Palmolive [...]."
- "Lave o rosto, o colo e os ombros com Sabonete Palmolive."
- "Palmolive — o Sabonete da Juventude — torna a cútis aveludada [...]."

Observe a predicação dos verbos que constituem essas frases e responda:

a) Qual (Quais) dessas orações apresenta(m) predicado verbal? Qual (Quais) é (são) o(s) núcleo(s) do(s) predicado(s)?

b) Qual (Quais) dessas orações apresenta(m) predicado nominal? Qual (Quais) é (são) o(s) núcleo(s) do(s) predicado(s)?

c) Qual (Quais) dessas orações apresenta(m) predicado verbo-nominal? Qual (Quais) é (são) o(s) núcleo(s) do(s) predicado(s)?

4. Leia estas frases:

- Ela tem uma cútis **linda**, graças aos cuidados.
- "Com Sabonete Palmolive você pode obter cútis mais **linda** em 14 dias apenas!"

Discuta com os colegas e com o professor:

a) Qual é a função sintática da palavra **linda** nessas frases?

b) Classifique o tipo de predicado dessas orações.

5. Nos enunciados abaixo, indique a função sintática dos termos destacados.

a) Considero as ideias da equipe **ultrapassadas**.

b) A equipe tem ideias **ultrapassadas**.

c) Achei o ator meio **menino** para o papel.

d) Achei o ator **menino ideal** para o papel.

PARA ESCREVER COM adequação

Concordância verbal — verbos impessoais

Leia esta tira, de Fernando Gonsales, e responda às questões 1 a 3.

(*Folha de S.Paulo*, 31/3/2019.)

1. As falas do anjinho no primeiro quadrinho são respostas a algo que o outro personagem teria dito.

a) Pela leitura do segundo quadrinho, levante hipóteses: Qual pode ter sido a fala do outro personagem?

b) Quem seria o outro personagem, levando em consideração onde se passa a situação?

2. Observe o segundo quadrinho da tira.

a) Que efeito de sentido é construído a respeito do estado emocional do anjinho, levando em conta sua fala e suas expressões corporal e facial?

b) É muito comum em nossa sociedade ouvirmos frases como "é preciso ir atrás de seus direitos". Como o efeito de humor é construído na tira, tendo essa fala como pano de fundo?

3. Releia a seguinte fala do anjinho:

"Tem essa opção?"

a) O verbo **ter** pode ser substituído por **haver** sem modificação essencial de sentido? Nesse caso, como ficaria a oração?

b) Reescreva a frase, passando a palavra **opção** para o plural. Depois, reescreva-a, empregando o verbo **haver** e mantendo **opção** no plural.

c) Qual é o sujeito e o objeto da oração? Justifique sua resposta.

d) Levante hipóteses: Por que, na situação da tira, o autor teria preferido empregar o verbo **ter** e não o verbo **haver**?

© Fernando Gonsales/ Acervo do cartunista

Ao responder às questões anteriores, você observou que há, na língua, **verbos impessoais**, isto é, verbos que não apresentam sujeito. Quando isso ocorre, o verbo da oração fica na 3ª pessoa do singular. Quando, entretanto, a oração apresenta sujeito, os verbos são chamados de **pessoais** e concordam com o sujeito em gênero e número. Compare:

- **Há/Tem** outras opções?
  - Há/Tem: verbo impessoal, 3ª p. do singular
  - outras opções: OD

- Você **tem** outras opções de asas?
  - Você: sujeito, 3ª p. do singular
  - tem: verbo pessoal, 3ª p. do singular
  - outras opções de asas: OD

São impessoais:

- os verbos que indicam fenômenos da natureza:

Neste final de semana, **chove** na capital e no litoral norte.

- o verbo **haver** (ou **ter**) com o sentido de "existir":

"**Há** outras opções?"

Atenção: Nas locuções verbais, o verbo **haver**, quando impessoal, transmite sua impessoalidade ao verbo auxiliar. Veja:

- **Há** clientes à espera de atendimento na seção de crédito.
- **Deve** haver clientes à espera de atendimento na seção de crédito.
- **Pode** haver clientes à espera de atendimento na seção de crédito.

- os verbos **haver** e **fazer** quando indicam tempo:

- **Há** duas semanas que não faço aulas de balé.
- **Faz** dez minutos que ouvi, no rádio, a notícia sobre o acidente.

Exercícios

Leia os memes a seguir:

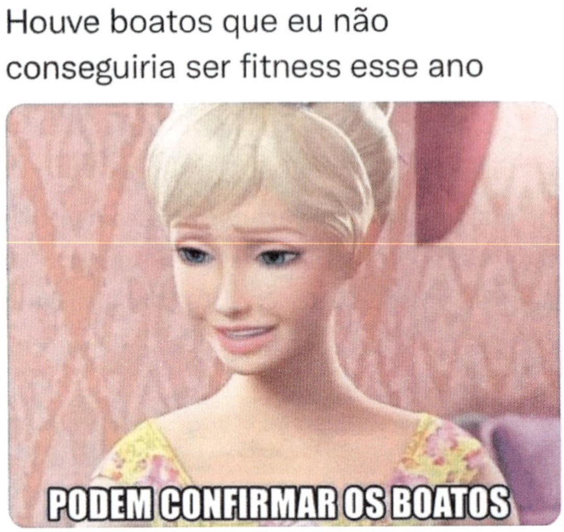

(Disponível em: https://br.ifunny.co/picture/houve-boatos-que-eu-nao-conseguiria-ser-fitness-esse-ano-mh216nxk9. Acesso em: 25/4/2023.)

(Disponível em: https://br.ifunny.co/meme/por-tras-de-todos-os-memes-ruins-existe-uma-pessoa-HsavsNyk6. Acesso em: 25/4/2023.)

Fotos: Reprodução/www.br.ifunny.co

1. Nos memes, foram empregados os verbos **haver** e **existir**.

a) O emprego desses verbos está de acordo com a norma-padrão? Justifique sua resposta.

b) Como ficariam essas frases se um verbo fosse trocado pelo outro?

c) E como elas ficariam se no primeiro meme a palavra **boatos** estivesse no singular e no segundo meme a palavra **pessoa** estivesse no plural?

2. O primeiro meme constrói humor a partir da quebra de expectativa. Que palavra é responsável pela construção de expectativa? Como ocorre a quebra dessa expectativa?

Leia esta tira de Fernando Gonsales:

(*Folha de S.Paulo*, 2/5/2017.)

3. O narrador da tira faz um comentário a respeito da canção "Parabéns a você", cantada em comemorações de aniversário. Interprete: Por que ele gostaria que existisse o vírus do "Parabéns a você"?

4. No primeiro quadrinho, foi empregado o verbo **existir** na forma simples (existem) e na forma de locução verbal (deveriam existir).

a) Explique: Por que ambas as formas estão flexionadas no plural?

b) Como ficaria a frase desse quadrinho, caso fosse empregado o verbo **haver** em lugar de **existir**? Faça as adaptações que forem necessárias.

c) Na frase que você redigiu, que função sintática passa a desempenhar o termo "certos vírus"?

Leia a tira a seguir e responda às questões 5 a 7.

Adão Iturrusgarai/Acervo do cartunista

5. Reescreva a fala do 2º balão do 1º quadrinho da tira, fazendo o que é pedido:

a) Substitua o verbo **haver** pelo verbo **fazer** no presente do indicativo. Faça adaptações, se necessário.

____

b) Substitua o termo **dias** pela expressão "uma semana". Faça adaptações, se necessário.

____

6. Complete a frase dita pelo garoto no 2º quadrinho, empregando o verbo **fazer** no presente do indicativo.

7. No 1º quadrinho, foram empregadas duas palavras muito utilizadas na linguagem oral e informal: **tá** e **também**.

a) Qual é a forma correspondente à palavra **tá** na norma-padrão?

____

b) De acordo com o contexto, que sentido a palavra **também** expressa?

- [ ] contraste; equivale a **porém**
- [ ] ideia contrária; equivale a "de outra forma"
- [ ] estranheza, desgosto; equivale a "Não era para menos!"

c) A que classe gramatical pertence a palavra **também** nesse contexto?

____

8. No português brasileiro, o verbo **ter** é frequentemente empregado com o sentido de **haver**. Neste caso, ele também é um verbo impessoal. Observe o texto ao lado:

Explique o efeito de humor provocado pelo gráfico e pela legenda.

(Disponível em: https://imgs.app/p/imagens-memes-prova-amanha-M7Xk9H2xN7. Acesso em: 25/4/2023.)

9. Na frase "Tem prova amanhã?!?!":

a) Qual é a função sintática da palavra **prova**?

b) Como ficaria a frase caso a palavra **prova** estivesse no plural?

DIVIRTA-SE

CAPÍTULO 4

O complemento nominal

Construindo o conceito

Leia este texto:

(Disponível em: https://www.lucasdorioverde.mt.gov.br/site/noticias/6036. Acesso em: 20/4/2023.)

CRAS: Centro de Referência de Assistência Social.

CREAS: Centro de Referência Especializado de Assistência Social.

CMDM: Conselho Municipal dos Direitos da Mulher.

1. Em relação ao gênero textual, o texto lido configura-se como:

- [ ] um artigo de opinião.
- [ ] um texto de campanha comunitária.
- [ ] um anúncio publicitário.
- [ ] um cartaz instrucional.

2. Observe a parte verbal e a imagem de fundo do texto. Leia as informações que constam na lateral direita da peça, com indicações de datas e locais.

a) Quem é o locutor, ou seja, o responsável pelo texto?

b) Qual é o tema central do texto?

c) Qual é a finalidade do texto?

d) A quem ele se destina?

e) O que são as indicações que estão do lado direito do texto?

f) Levante hipóteses: Em quais veículos ou suportes esse texto circulou?

3. Observe a imagem que acompanha o texto.

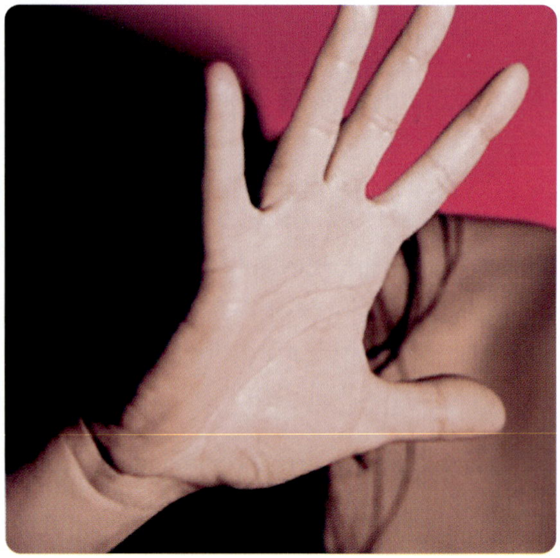

Reprodução/Prefeitura de Lucas do Rio Verde

a) O que ela mostra e o que está representando?

b) Relacione a parte verbal com a parte visual do texto.

4. Existem termos que complementam verbos transitivos (o objeto direto e o objeto indireto) e termos que complementam nomes. Releia o enunciado principal do texto e responda:

a) Qual é o termo que complementa o sentido da expressão "violência doméstica"?

b) Qual é a classe gramatical da palavra **violência**?

5. Na parte inferior do texto, há alguns números de telefone e algumas siglas.

a) Que papel cumprem essas informações?

b) Na frase "Onde buscar ajuda", qual é a predicação do verbo **buscar**? Ele apresenta complementos? Se sim, indique-os e classifique-os.

Conceituando

Complemento nominal

Ao responder às questões anteriores, você pôde constatar que há palavras que completam o sentido de verbos e outras que completam o sentido de nomes. Compare:

Onde buscar ajuda.
buscar: VTD; ajuda: OD

Violência doméstica contra mulher.
Violência: substantivo; contra mulher: complemento nominal

No primeiro exemplo, o termo **ajuda** complementa o verbo **buscar**, sendo seu objeto direto. No segundo, o termo "contra mulher" complementa um nome, o substantivo **violência**. Se eliminássemos esse complemento do texto, o enunciado se reduziria a "Violência doméstica" e faltaria uma informação importante no contexto: violência contra quem? Quando um termo complementa o sentido de um nome (substantivo, adjetivo ou advérbio), dizemos que ele é um **complemento nominal**.

Complemento nominal é o termo sintático que complementa nomes, isto é, substantivos, adjetivos e advérbios.

Veja outros exemplos:

Sempre sinto saudade dos amigos.
saudade: substantivo, OD; dos: preposição; dos amigos: compl. nominal

Esta sala é agradável para leitura.
agradável: adjetivo, pred. do suj.; para: preposição; para leitura: compl. nominal

Ele estuda perto de sua casa.
perto: advérbio, adj. adv.; de: preposição; de sua casa: compl. nominal

Geralmente, o complemento nominal é precedido de preposição e quase sempre é o alvo para o qual tende um movimento, um sentimento ou uma disposição.

Veja:

Este garoto tem garra para o basquete.
tem: VTD; garra: substantivo, OD; para o basquete: alvo/compl. nominal

A professora sempre tem cuidado com as provas.
tem: VTD; cuidado: substantivo, OD; com as provas: alvo/compl. nominal

Observe que, na primeira frase, "o basquete" é o alvo para o qual se direciona a garra do garoto; na segunda frase, "as provas" são o alvo para o qual se direciona o cuidado da professora.

Morfossintaxe do complemento nominal

O complemento nominal pode ter como núcleo:

- um substantivo:

substantivo
Sinto saudade **da família**.
compl. nominal: da **família**

- um pronome:

pronome
O animal tinha medo de **nós**.
compl. nominal: de **nós**

- um numeral:

numeral
Este emprego será bom para os **três**.
compl. nominal: para os **três**

- uma expressão ou oração:

oração
Tenho a impressão **de que tudo vai dar certo**.
compl. nominal: **de que tudo vai dar certo**

Exercícios

Leia este cartaz:

(Disponível em: https://www.folhaonline.es/anchieta-comemora-o-dia-internacional-de-combate-as-drogas-com-palestras-em-escolas-do-municipio/. Acesso em: 20/4/2023.)

1. O cartaz chama a atenção dos leitores para uma data especial: o dia 26 de junho, eleito o Dia Internacional contra o Abuso e Tráfico Ilícito de Drogas. Levante hipóteses: Por que é escolhido um dia do ano para lembrar campanhas como essa?

2. Observe a imagem que acompanha o enunciado verbal. O que ela representa no contexto?

3. No trecho: "Dia Mundial de Combate às Drogas":

a) O termo "às Drogas" complementa o sentido de:

☐ Dia. ☐ Dia Mundial. ☐ Combate.

b) Qual é a função sintática do termo "às Drogas"?

4. Se tivéssemos o enunciado "É preciso combater as drogas", qual seria a função sintática do termo "as drogas"? Por quê?

5. Tomando como referência suas respostas às questões 3 e 4, transforme os verbos destacados em substantivos. Faça as adaptações que forem necessárias. Depois, identifique na nova frase o objeto (direto ou indireto) e o complemento nominal. Veja o exemplo:

- Vamos **combater** as drogas.
- Promova o **combate** às drogas. / OD: o combate; CN: às drogas.

a) A empresa **demitiu** 200 funcionários.

b) É preciso **prevenir** contra as doenças infecciosas.

____

____

c) Os estudantes começaram a **lutar** pelos seus direitos.

____

____

d) O juiz **expulsou** dois jogadores durante o jogo.

____

____

e) Os deputados **suprimiram** dois itens do projeto de lei.

____

____

f) Sem saneamento básico, muitas pessoas **poluem** os rios próximos.

____

____

Leia este texto de campanha:

(Disponível em: https://ccs2.ufpel.edu.br/wp/2017/07/27/hoje-27-e-o-dia-nacional-de-prevencao-de-acidentes-de-trabalho/. Acesso em: 20/4/2023.)

6. Em relação ao texto, responda:

a) Qual é a finalidade dele?

b) A quem ele se dirige?

c) Que relação há entre a parte verbal do texto e as imagens que ele apresenta?

7. Observe o enunciado central do anúncio:

27 de julho - Dia Nacional de Prevenção de Acidentes de Trabalho

No enunciado, há três termos preposicionados. Observe a palavra a que cada um deles se liga e o tipo de relação que mantém com ela. Dependendo da relação, o termo preposicionado poderá ser adjunto adnominal ou complemento nominal. Responda:

a) A qual palavra a expressão "de Prevenção" se liga? Qual é sua função sintática?

b) A qual palavra a expressão "de Acidentes de Trabalho" se liga? Qual é sua função sintática?

c) Por fim, a qual palavra a expressão "de Trabalho" se liga? Qual é sua função sintática?

Adjunto adnominal × complemento nominal

O adjunto adnominal formado por locução adjetiva costuma indicar uma característica do substantivo: tipo, cor, material de que é feito, possuidor, etc. Já o complemento nominal costuma ser o alvo da ação embutida no substantivo. Veja: amor **de mãe** (tipo de amor ou possuidor: adjunto adnominal); amor **à mãe** (alvo do amor: complemento nominal); Ele é a esperança **do povo** (possuidor = adjunto adnominal); Temos a esperança **de um mundo melhor** (alvo = complemento nominal).

O complemento nominal

NA CONSTRUÇÃO DO TEXTO

Você conhece os direitos básicos da criança e do adolescente? Leia o texto a seguir.

A Constituição Federal estabeleceu a família, a sociedade e o Estado como responsáveis pela formação e estruturação dos indivíduos, conforme dispõe o artigo 227:

- Art. 227. É dever da família, da sociedade e do Estado assegurar à criança, ao adolescente e ao jovem, com absoluta prioridade, o direito à vida, à saúde, à alimentação, à educação, ao lazer, à profissionalização, à cultura, à dignidade, ao respeito, à liberdade e à convivência familiar e comunitária, além de colocá-los a salvo de toda forma de negligência, discriminação, exploração, violência, crueldade e opressão.

(Disponível em: https://www.childfundbrasil.org.br/blog/eca-estatuto-da-crianca-e-adolescente/. Acesso em: 20/4/2023.)

Reprodução/Arquivo da editora

1. De acordo com o texto, quem tem a responsabilidade de cuidar dos jovens e acompanhá-los em seu processo de formação?

____

2. Quais são os direitos básicos que todas as crianças e todos os adolescentes têm, por lei?

____

____

3. Quando vemos uma criança em situação de rua, sem ter onde morar e sem frequentar a escola:

a) Os direitos dela estão sendo respeitados? Por quê?

____

____

b) Levante hipóteses: De quem é a falha que leva à ocorrência dessa situação?

____

____

____

4. Observe o enunciado que precede o artigo 227.

a) Qual é a função sintática do termo "a família, a sociedade e o Estado"?

b) E qual é a função do termo **responsáveis**?

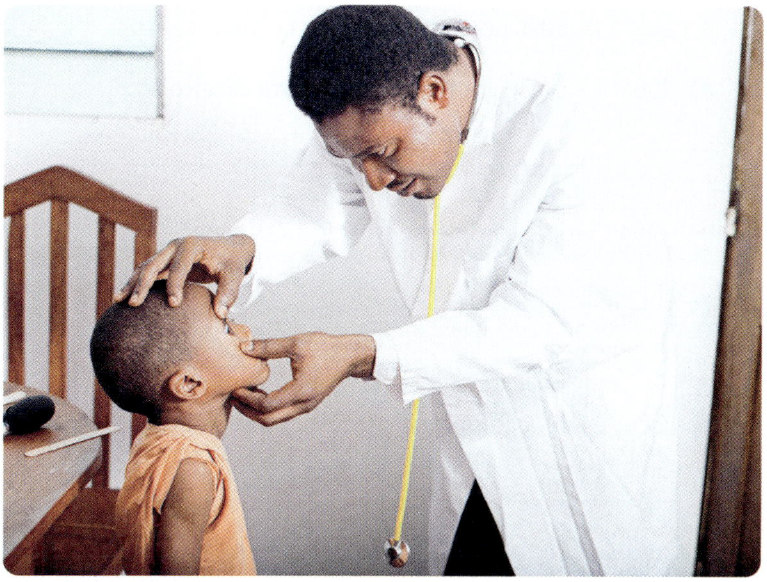

5. Observe agora o termo "pela formação e estruturação dos indivíduos".

a) A que palavra ele se liga? Qual é a classe gramatical dela?

b) Conclua: Qual é a função sintática do termo "pela formação e estruturação dos indivíduos"?

6. Observe agora o texto do artigo 227. Qual é a predicação do verbo **assegurar**? Se ele tem objetos, indique-os.

Para que serve o complemento nominal?

O complemento nominal tem um papel semelhante ao dos objetos, com a diferença de que estes complementam verbos e o complemento nominal completa nomes. Geralmente empregamos o complemento nominal quando lidamos com ideias e conceitos abstratos. O complemento nominal costuma corresponder ao alvo de nossos sentimentos, desejos e necessidades: ter a vontade **de fazer alguma coisa**, ter medo **de algo**, ter direito **a algo**, ter necessidade **de algo**.

7. A palavra **direito**, no contexto, exige complementos.

a) Qual é a classe gramatical da palavra **direito**?

b) Quais são os complementos dessa palavra?

c) Qual é a função sintática desses complementos?

8. No trecho "além de colocá-los a salvo de toda forma de negligência, discriminação, exploração, violência, crueldade e opressão":

a) Que palavra ou expressão os termos **de negligência**, **(de) discriminação**, **(de) exploração**, **(de) violência**, **(de) crueldade** e **(de) opressão** complementam?

b) Qual é a classe gramatical dessa palavra ou expressão?

c) Logo, qual é a função sintática dos termos **de negligência**, **(de) discriminação**, **(de) exploração**, **(de) violência**, **(de) crueldade** e **(de) opressão**?

9. A palavra **direito** e a expressão "a salvo", bem como os complementos nominais, cumprem um papel fundamental na construção das ideias do texto. Considerando a finalidade do texto e seu conteúdo, explique:

a) o papel dessa palavra e dessa expressão no texto;

b) o papel dos complementos nominais no texto.

Leia este cartaz:

Coordenadoria da Pessoa com Deficiência/Prefeitura de Jundiaí

(Disponível em: https://jundiai.sp.gov.br/noticias/2013/04/18/semana-da-pessoa-com-deficiencia-tera-acoes-na-cidade/. Acesso em: 20/4/2023.)

1. O anúncio integra uma campanha promovida pela Prefeitura de Jundiaí, cidade do interior do Estado de São Paulo.

a) Qual é o objetivo do anúncio?

____

____

b) A quem ele se destina?

____

____

c) Levante hipóteses: Onde provavelmente esse cartaz foi afixado?

____

____

2. Observe a imagem que compõe o cartaz.

a) O que ela retrata?

____

____

b) Por que a imagem causa surpresa?

____

____

____

c) Por que, no enunciado da parte superior do cartaz, as palavras **RUIM**, **SUA** e **NÃO** estão em corpo maior que o restante do texto?

____

____

____

____

d) Qual é a relação entre a imagem e a parte verbal do cartaz?

____

____

____

No trecho a seguir, há dois termos preposicionados. Para responder às questões 3 e 4, releia-o e analise a relação que cada um desses termos tem com o substantivo que acompanha.

"É lei. Quem é idoso ou pessoa com deficiência tem direito às vagas exclusivas."

3. Sobre a expressão "com deficiência":

a) Qual é o substantivo que ela acompanha? Esse substantivo é concreto ou abstrato?

b) Há, em português, um adjetivo correspondente a essa expressão? Se sim, qual?

c) Conclua: Qual é a função sintática do termo "com deficiência"?

4. Observe agora o termo "às vagas exclusivas".

a) A que substantivo ele se liga? Esse substantivo é concreto ou abstrato?

b) Em relação ao termo identificado no item **a**, a expressão "as vagas exclusivas" é alvo ou possuidor?

c) Conclua: Qual é a função sintática do termo "às vagas exclusivas"?

d) Caso no anúncio houvesse a construção "É direito dos idosos e das pessoas com deficiência ter uma vaga reservada", a expressão "dos idosos e das pessoas com deficiência" teria qual função sintática? Por quê?

DE OLHO NA escrita

E ou I?

Leia este meme:

(Disponível em: https://m.facebook.com/suricateseboso/photos/a.255109681285034/949045558558106/. Acesso em: 25/4/2023.)

1. O meme constrói humor com base em uma quebra de expectativa causada pela resposta dada na parte inferior do texto. Explique como se dá essa quebra.

2. Muitas palavras da língua portuguesa são pronunciadas de maneira que não corresponde exatamente à sua grafia. Essas variações podem resultar de mudanças históricas da própria língua ou de diferenças regionais do português de hoje.

Observe a forma como as palavras foram escritas no meme e responda:

a) Quais palavras tiveram sua grafia alterada a fim de representar a forma como são pronunciadas na fala corrente brasileira?

b) Escreva as palavras indicadas por você no item **a** conforme a ortografia padrão. Depois, compare as duas versões e conclua: Quais alterações da fala foram salientadas na escrita?

c) Seguindo o mesmo princípio, quais outras palavras do meme poderiam ter tido sua escrita alterada para representar o som da fala?

3. Agora, observe as palavras do meme que contêm a letra **o**. Como você e os colegas pronunciaram a vogal **o** nessas palavras: como /o/ ou como /u/?

Você viu nos exercícios anteriores que nem sempre há correspondência exata entre os sons que produzimos na fala e as letras que os representam na escrita. É o caso, por exemplo, das vogais **e** e **o**. Quando elas são empregadas em sílabas átonas e em final de palavra, a tendência do português brasileiro atualmente tem sido transformar **e** em **i** e **o** em **u**. Assim, é comum que a pronúncia de palavras como **menino** e **mentira** afete as hipóteses das pessoas sobre as possibilidades de escrita, gerando formas não padrão como **mininu** e **mintira**.

Veja, a seguir, algumas situações em que devemos estar atentos para, na escrita, saber empregar adequadamente as letras **e** e **i**.

Emprega-se **e**:

- nas formas dos verbos terminados em **-oar**/**-uar**: perdoe continue
- no prefixo **ante-** (antes): antebraço antecipar

Emprega-se **i**:

- nas formas dos verbos terminados em **-air**/**-oer**/**-uir**: atrai dói possui
- no prefixo **anti-** (contra): antiaéreo antitetânico
- no plural das terminações **-al**/**-ol**/**-ul**: ramais lençóis pauis

Exercícios

1. Complete as frases a seguir, empregando no presente do indicativo ou do subjuntivo os verbos indicados entre parênteses. Atenção à grafia da forma verbal.

a) Espero que você ______________________ levando seus estudos a sério. (continuar)

b) A fumaça das fábricas ______________________ a cidade. (poluir)

c) Na época da seca, o fogo ______________________florestas milenares. (destruir)

d) Quem ______________________ vento colhe tempestade. (semear)

e) Fique atento ao texto para que não ______________________ as ideias do autor. (desvirtuar)

f) Ele vive disso: ______________________ casas e depois as vende. (construir)

g) A receita diz que primeiro você ______________________ a carne com o trigo e a cebola e depois acrescenta sal e outros temperos a gosto. (moer)

h) Não adianta pedir; ele só ______________________ uma vez por ano. (contribuir)

Leia este texto de campanha para responder às questões 2 a 4.

Reprodução/www.descobrindocriancas.com.br

(Disponível em: https://blog.descobrindocriancas.com.br/2018/06/16/aspectos-juridicos-do-bullyng-e-da-lei-antibullying/. Acesso em: 24/4/2023.)

2. Imagine que você queira caracterizar essa campanha.

a) Que prefixo deveria ser utilizado para caracterizá-la: "campanha ***ante****bullying*" ou "campanha ***anti****bullying*"? Se necessário, consulte o dicionário.

____

____

____

b) Dê exemplos de palavras em que se possa empregar o prefixo **anti-** e o prefixo **ante-** de forma coerente.

____

____

____

O que é *bullying*?

A palavra *bullying* tem origem na palavra inglesa *bully*, que significa "valentão, brigão".

O *bullying* se caracteriza por agressões intencionais, verbais ou físicas, feitas de maneira frequente, por uma ou mais pessoas contra uma ou mais pessoas.

O *bullying* significa ameaça, tirania, opressão, intimidação, humilhação e maus-tratos.

(Fonte: http://trabcampanhacontrabullying.blogspot.com/p/o-que-bullying.html. Acesso em: 24/4/2023.)

3. Qual é o significado da imagem da mão aberta no texto e que relação ela tem com a finalidade da campanha?

____

____

4. Em relação ao *bullying*, responda:

a) Você já foi vítima de *bullying* ou já presenciou esse tipo de prática? Se sim, conte para os colegas.

b) Você acha importante haver campanhas *antibullying* nas escolas? Por quê?

____

____

____

5. Leia o texto a seguir e responda às questões propostas.

O que incluir em um __________ projeto de arquitetura? Veja todas as plantas

[...]

Se você está nessa fase, sabe muito bem que, apesar de tantas informações, nem sempre fica muito claro em qual etapa do projeto de arquitetura cada planta deve ser feita. E, em meio a tantas dúvidas, com certeza você já ouviu falar do __________ projeto e da sua importância. Ainda não sabe exatamente como ele funciona? Não se preocupe, neste artigo, vamos explicar o que é o __________ projeto de arquitetura e o que deve conter nessa etapa tão importante. Acompanhe!

Africa Studio/Shutterstock

[...]

(Disponível em: https://www.vivadecora.com.br/pro/estudante/anteprojeto-de-arquitetura/. Acesso em: 24/9/2023.)

a) Leia o texto e complete as lacunas com o prefixo **anti-** ou **ante-**.

b) Qual é o sentido do termo com o prefixo escolhido por você?

____

c) Caso o outro prefixo fosse empregado, imagine e escreva o sentido da palavra formada com o termo **projeto**.

____

____

6. Com base nos sentidos discutidos na questão anterior, forme palavras empregando os prefixos **ante-** ou **anti-**. Quando necessário, utilize hífen.

a) câmara ______________

b) rugas ______________

c) penúltimo ______________

d) passado ______________

e) ácido ______________

f) aéreo ______________

g) derrapante ______________

h) concepcional ______________

i) herói ______________

j) infeccioso ______________

k) higiênico ______________

l) braço ______________

m) social ______________

n) caspa ______________

o) horário ______________

7. A seguir, seu professor vai ler em voz alta um texto sobre arte. Acompanhe a leitura e escreva nas lacunas as palavras que completam o texto.

Como um ______________ mudou a história da arte e estimulou o pensamento criativo

[...] Marcel Duchamp (1887-1968) estava em Nova York e avistou uma loja de ______________ na Quinta Avenida. A história já é ______________ só de imaginar que existia nesse local de luxo um estabelecimento com essas características...

O artista compra a peça de porcelana branca e a leva para seu ateliê. Depois de uma análise cuidadosa, pega o ______________, assina "R. Mutt 1917". A assinatura é um ______________, em uma alusão ao nome J. L.

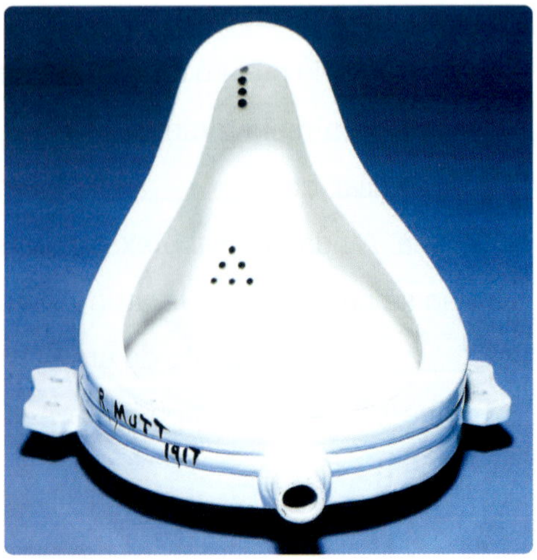

> *Fonte* (1917), de Marcel Duchamp.

Mott da loja onde comprou o objeto. A ideia com sua obra era fazer uma crítica aos especuladores do mercado, aos colecionadores endinheirados e aos ____________ ____________ dos museus da época. O "R" significa sacos de dinheiro, usando um coloquialismo francês. Pelo menos na cabeça dos artistas, o incrível do mundo da arte é isso: um ________________ pode ser sim transformado em obra de ____________!

O ______________ saiu definitivamente de cena e garantiu espaço na história da arte, batizada como "Fonte". A obra foi inscrita para participar do Salão da Sociedade Nova-iorquina de Artistas Independentes. ____________________, foi rejeitada pelo júri num primeiro momento. Mas não poderiam desclassificá-la porque o regulamento dizia que, ao pagar a inscrição, todos os trabalhos seriam expostos, e a proposta da organização era combater o ***establishment*** artístico e autoritário da National Academy of Design.

[...]

establishment: ordem estabelecida; grupo de pessoas poderosas e influentes.

(Keka Consiglio, @keka_consiglio_artista. Disponível em: https://istoe.com.br/como-um-urinol-mudou-a-historia-da-arte-e-estimulou-o-pensamento-criativo/. Acesso em 24/4/2023.)

8. O texto aborda um fato inovador na história da arte: a técnica do *ready-made*, que consiste em atribuir valor artístico a objetos do cotidiano. Além do urinol, Marcel Duchamp expôs em museus objetos como roda de bicicleta, porta-garrafas e rolos de corda. O que você acha dessa proposta? Objetos do cotidiano têm valor estético?

____

____

____

____

DIVIRTA-SE

Jean Galvão/Acervo do cartunista

(Disponível em: https://tiroletas.wordpress.com/2014/08/11/complementosnominais/. Acesso em: 26/4/2023.)

CAPÍTULO 5

O adjunto adverbial

Construindo o conceito

Leia o texto a seguir.

(Disponível em: https://www.almanaquesos.com/truque-para-levar-roupa-ou-peca-de-banho-molhada-na-mochila. Acesso em: 4/5/2023.)

1. O texto lido foi publicado no *site* Almanaque SOS.

a) Esse texto corresponde a:

☐ um tutorial.

☐ uma dica.

☐ um infográfico.

b) Com base no texto e no nome do *site*, levante hipóteses: Qual é a finalidade desse *site*?

____

____

____

2. O texto aborda um possível uso dos "pacotinhos de sílica-gel".

a) Considerando o texto lido, deduza: Qual é a função desses pacotinhos?

____

____

____

____

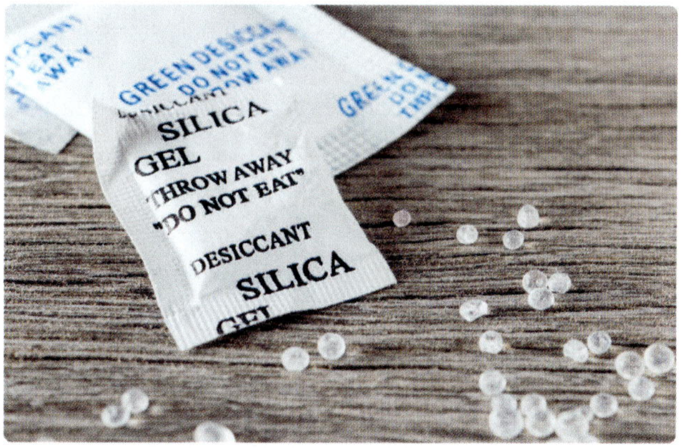

jakkrit pimpru/Shutterstock

› Pacotinhos de sílica-gel.

b) Você já comprou algum produto que veio com esse pacotinho? Comente com os colegas.

____

____

____

____

3. Encontre no texto:

a) duas expressões que indicam o lugar onde as roupas devem ser colocadas.

____

b) uma expressão que indica uma circunstância de tempo.

____

4. Observe os termos em destaque nesta frase do texto:

> "Coloque sua roupa molhada dentro do saco **bem** fechado **(de preferência com 'zip lock') junto com vários pacotinhos de sílica-gel**."

a) Troque ideias com os colegas e o professor, depois responda: A quais outras palavras da frase cada um dos termos a seguir se refere?

- bem:

____

- de preferência com "zip lock":

____

- junto com vários pacotinhos de sílica-gel:

____

b) Qual é o papel desses termos na frase lida?

____

____

____

5. Levando em consideração o estudo feito, conclua: Por que a presença dos termos identificados e analisados nas questões anteriores é importante no texto lido?

____

____

____

____

Conceituando

Adjunto adverbial

No estudo na seção anterior, você pôde perceber que os termos "na mala ou mochila" e "dentro do saco" fazem referência ao lugar onde as roupas serão colocadas. A expressão "em algumas horas", por sua vez, estabelece uma relação temporal entre as ações de guardar a roupa e a roupa secar. Já a palavra **bem** intensifica a forma como o saco deve ser fechado.

Todas essas palavras e expressões desempenham sintaticamente, nas frases, a função de **adjuntos adverbiais**. No texto estudado, as circunstâncias expressas por esses adjuntos adverbiais são, respectivamente, de lugar, de tempo, de intensidade e de modo, mas os adjuntos adverbiais podem expressar também outras circunstâncias, como causa, dúvida e negação. Veja:

- Muitas vezes, (adj. adv. de tempo) por falta de tempo, (adj. adv. de causa) guardamos a roupa molhada na mochila. (adj. adv. de lugar)

- Talvez (adj. adv. de dúvida) consigamos secar a roupa.

- Não (adj. adv. de negação) guarde a roupa antes de ler a dica. (adj. adv. de tempo)

Assim, concluímos:

Adjunto adverbial é o termo que incide sobre outro termo da oração, modificando ou indicando uma circunstância em relação a ele. Esse outro termo muitas vezes é um verbo, mas pode ser também um adjetivo, um substantivo, um numeral, um pronome, outro advérbio, ou mesmo uma oração inteira.

Observe os casos a seguir.

- É **muito** (adj. adv.) comum (adjetivo) guardar a roupa molhada na mochila.

- **Em algumas horas** (adj. adv.) a roupa estará seca. (oração)

- **Aproximadamente** (adj. adv.) $\frac{2}{3}$ (numeral) da população guarda a roupa molhada **diretamente** (adj. adv.) na mochila. (locução adverbial)

- **Certamente** (adj. adv.) essa (pronome) é a atitude da maioria das pessoas.

Os adjuntos adverbiais podem expressar diversas circunstâncias.

Veja algumas delas:

- **intensidade:** Ela estuda e sonha **muito**.
- **instrumento:** Ela trabalhava **com a imaginação**.
- **afirmação: Sim**, o garoto era muito criativo.
- **negação:** O estudo **não** o impedia de desenhar.
- **fim** ou **finalidade:** Estava sempre preparado **para o sonho**.
- **companhia:** Gostava de estar **com seus amigos**.
- **assunto:** Evitava falar **sobre seus projetos**.

Morfossintaxe do adjunto adverbial

O adjunto adverbial é a função sintática própria dos advérbios e das locuções adverbiais. Sua classificação é a mesma dos advérbios. Observe:

O menino agia **criativamente**.
classe morfológica: advérbio de modo
função sintática: adjunto adverbial de modo

O menino agia **com criatividade**.
classe morfológica: locução adverbial de modo
função sintática: adjunto adverbial de modo

Exercícios

Leia a tira a seguir, de Dik Browne, e responda às questões 1 e 2.

(*Folha de S.Paulo*, 4/9/2002.)

1. Alguns advérbios são formados a partir de adjetivos.

a) De que adjetivo se origina o advérbio **horizontalmente**?

____

b) Os "advérbios" **otimisticamente** e **pessimisticamente** foram criados pelo cartunista. A partir de que palavras ele os criou?

____

____

c) Essas palavras existem na língua portuguesa?

____

d) Observe como esses advérbios foram formados. Que circunstância eles expressam?

e) Qual é o efeito de sentido produzido pelos advérbios criados pelo cartunista?

Economia na língua

Observe este enunciado:

> O rapaz, ao reencontrar a namorada, beijou-a demoradamente, intensamente, apaixonadamente.

A repetição de adjuntos adverbiais terminados em **-mente** pode criar um som desagradável. Para tornar a frase mais enxuta e evitar a repetição sonora, recomenda-se eliminar a parte **-mente** dos adjuntos iniciais e deixá-la somente no último adjunto. Veja como ficaria o enunciado:

> O rapaz, ao reencontrar a namorada, beijou-a demorada, intensa e apaixonadamente.

2. Veja o significado das palavras:

> **otimismo:** disposição de espírito que leva o indivíduo a encarar o mundo do melhor modo possível, a esperar que tudo vá bem.
>
> **pessimismo:** disposição de espírito que leva o indivíduo a encarar tudo pelo lado negativo, a esperar de tudo o pior.

O humor da tira está na diferença de sentido entre os dois primeiros adjuntos adverbiais e o adjunto adverbial empregado por Hagar. Troque ideias com os colegas e explique essa diferença.

Leia este texto e responda às questões 3 a 7:

(Disponível em: www.sotitulos.com.br/wp-content/uploads/2017/04/Futebol_2.jpg. Acesso em: 3/5/2023.)

3. Sobre a situação social de circulação desse texto, responda:

a) Qual é a principal finalidade dele? Que adjuntos adverbiais empregados no texto estão diretamente relacionados a essa finalidade? Justifique sua resposta, com base na circunstância indicada por cada um deles.

b) Quem é o responsável pelo texto e a quem ele se dirige?

c) Identifique a relação existente entre as partes verbal e não verbal do texto.

4. Releia a frase central do texto.

a) Há, nessa frase, a omissão de um trecho que pode ser facilmente recuperado no contexto. Reescreva-a, explicitando esse termo omitido no texto original.

b) Identifique, entre as opções a seguir, aquela que indica os elementos colocados em contraste nessa frase.

- [ ] "época" e "futebol bonito"
- [ ] "futebol bonito" e "gols e dribles"
- [ ] "gols e dribles" e "imagens em HD"
- [ ] "imagens" e "HD"

c) Observe as expressões "com gols e dribles" e "[com] imagens em HD" e identifique a função sintática dessas expressões no contexto.

d) Troque ideias com os colegas e o professor: Que circunstância esses termos acrescentam à forma verbal que modificam?

5. O texto em estudo se constrói por meio de uma comparação entre duas épocas.

a) O que, segundo o texto, marca a diferença entre essas duas épocas?

b) Troque ideias com os colegas e o professor e conclua: Por que o paralelo entre elementos característicos de cada uma dessas épocas constrói certo efeito de humor crítico no texto?

6. Há, no texto em estudo, um adjunto adverbial de negação.

a) Identifique-o.

____

b) Explique o papel desse adjunto adverbial na comparação feita no texto.

____

____

7. Complete as frases a seguir com um dos adjuntos adverbiais do quadro abaixo, de acordo com as circunstâncias solicitadas e em coerência com o que diz o texto em estudo.

muito	no futuro	perfeitamente	hoje em dia
mais	antigamente	graças à tecnologia	
com criatividade	bem	pela televisão	

a) ______________ (tempo) o futebol era ______________ (intensidade) bonito, porque os jogadores jogavam ______________ (modo).

b) ______________ (tempo) a maioria das pessoas vê futebol ______________ (instrumento).

c) As imagens atuais permitem ver os jogos ______________ (modo).

d) ______________ (tempo), ______________ (causa), será possível ter imagens ______________ (intensidade) ______________ (modo) definidas.

O adjunto adverbial NA CONSTRUÇÃO DO TEXTO

Leia o poema a seguir, de Affonso Romano de Sant'Anna.

Reflexivo

O que não escrevi, calou-me.
O que não fiz, partiu-me.
O que não senti, doeu-se.
O que não vivi, morreu-se.
O que adiei, adeus-se.

(*Intervalo amoroso e outras poesias.* Porto Alegre: L&PM, 1999. p. 34.)

Filipe Rocha/Acervo da editora

1. Releia os quatro primeiros versos. Nas primeiras orações de cada um deles, o eu lírico faz referência a algumas ações.

a) Quais são essas ações?

____

b) As ações indicadas por você no item **a** foram realizadas ou foram rejeitadas no contexto do poema?

____

c) Que palavra do poema justifica sua resposta ao item **b**? Qual é sua função sintática no contexto?

____

2. Observe as formas verbais que se relacionam nos quatro primeiros versos:

(não) escrevi — calou	(não) senti — doeu
(não) fiz — partiu	(não) vivi — morreu

De modo geral, que tipo de relação existe entre as formas verbais da esquerda e da direita?

____

____

____

3. Os cinco versos que compõem o poema têm uma estrutura paralela, isto é, semelhante em alguns aspectos.

a) Que estrutura se repete nos quatro primeiros versos?

____

____

b) Explique de que forma o último verso rompe com essa estrutura.

____

____

4. Você viu que o adjunto adverbial indicado por você na questão 1 não está presente no último verso.

a) Levando em consideração o sentido do verbo **adiar**, deduza: Por que o adjunto adverbial não foi empregado nesse verso?

____

____

b) Conclua: Como foi formada a expressão **adeus-se** e qual é o seu sentido no contexto do poema?

5. Agora, observe o título do poema.

a) Deduza: A quem ele se refere?

b) Qual é a relação existente entre o conteúdo do poema e seu título?

SEMÂNTICA E DISCURSO

Leia os textos a seguir, com frases que circulam pela internet:

I.

(Disponível em: https://www.pensador.com/frases_engracadas_compartilhar_whatsapp. Acesso em: 20/4/2023.)

II.

(Disponível em: https://www.pensador.com/frases_engracadas_compartilhar_whatsapp. Acesso em: 20/4/2023.)

1. Observe como as frases foram montadas com as imagens de fundo. Troque ideias com os colegas e o professor, depois responda:

a) Os textos lidos são memes cujos formatos dialogam com outros textos que também circulam bastante pelas redes sociais, como:

☐ mensagens de texto. ☐ textos motivacionais. ☐ charadas.

b) Justifique sua resposta à questão anterior com base em elementos não verbais dos textos em estudo.

2. Agora, compare o texto verbal de cada texto com as respectivas imagens de fundo. Quais palavras e expressões dialogam diretamente com a imagem de cada texto?

3. Um dos textos tem uma relação intertextual, isto é, um diálogo direto com um conhecido ditado popular.

a) Identifique-o e cite o ditado com o qual ele dialoga. Se necessário, faça uma breve pesquisa.

b) Levante hipóteses: Qual é o sentido desse ditado?

c) A frase do texto em estudo estabelece com o ditado popular uma relação de:

☐ complementaridade. ☐ oposição.

☐ transgressão. ☐ exagero.

d) Justifique sua resposta ao item **c**.

4. Os dois textos em estudo contêm advérbios e locuções adverbiais em sua composição.

a) Identifique-os e dê o valor semântico deles no contexto.

b) Quais desses advérbios e locuções adverbiais modificam formas verbais? Identifique-os.

c) Qual desses advérbios modifica outro advérbio? Identifique-o.

5. Um dos textos lidos coloca em paralelo dois advérbios que usualmente têm valores semânticos diferentes.

a) Quais são esses advérbios? Justifique sua resposta.

b) Troque ideias com os colegas e o professor e explique o sentido dessa construção no contexto.

6. O título da publicação que reúne esses textos é "Frases engraçadas para status do WhatsApp". Considerando essa informação e a análise feita nas questões anteriores, conclua:

a) Por que essas frases são consideradas "engraçadas"?

Para que servem os adjuntos adverbiais?

As ações humanas acontecem por algum motivo, em algum tempo e lugar, de um determinado modo, com uma intensidade maior ou menor, etc. E aos adjuntos adverbiais cabe o papel de expressar essa complexidade de circunstâncias em que se dá a ação humana sobre o mundo.

b) Por que os elementos não verbais desses textos também contribuem para a construção de efeito de humor?

PARA ESCREVER COM adequação

Regência verbal

Leia esta tira, de Fernando Gonsales:

© Fernando Gonsales/Acervo do cartunista

(*Folha de S.Paulo*, 27/7/2019.)

1. A tira apresenta relação intertextual com um conhecido conto maravilhoso.

a) Que conto é esse?

b) Como é construída a relação entre a tira e o conto maravilhoso?

c) Como o efeito de humor é construído a partir dessa relação intertextual?

2. A tirinha apresenta uma visão mais contemporânea de mulher. Reflita: Que sentido é construído quando a rainha decide não perguntar nada ao espelho?

3. Na língua portuguesa, há verbos e nomes que, ao serem empregados na frase, exigem a presença de outros termos. Na tira:

a) Quais são os termos exigidos pela locução verbal "vou perguntar" na frase "Nem vou perguntar nada pro espelho mágico!"? Que função sintática eles desempenham?

b) Qual é a expressão exigida pelo verbo **acabar** na frase "Atitudes como essa acabam com uma boa história!"?

4. Observe o emprego do verbo **acabar** nas frases a seguir:

I. Ele acabou a tarefa em pouco tempo.
II. O terreno destinado à construção do novo empreendimento acaba aqui.
III. Triste fim o de José. Acabou na miséria.

a) O verbo empregado em cada uma dessas frases exige algum termo como complemento? Se sim, em qual (quais) delas?

b) Qual é o sentido do verbo **acabar** em cada uma das frases? Preencha com o número das frases.

☐ ter fim ☐ morrer ☐ concluir

Ao responder às questões anteriores, você pôde observar que há termos que exigem a presença de outro(s). É o caso da locução verbal "vou perguntar" e do verbo **acabar** na tira. Também pôde perceber que um mesmo verbo pode ou não exigir complementos, dependendo do contexto em que é empregado.

O termo — verbo ou nome — que exige a presença de outro chama-se **regente** ou **subordinante**, e os termos que lhe completam a significação chamam-se **regidos** ou **subordinados**.

Quando o termo regente é um **verbo**, ocorre a **regência verbal**. Quando o termo regente é um **nome** — substantivo, adjetivo ou advérbio —, ocorre a **regência nominal**. Há verbos que admitem mais de uma regência. Compare estas frases:

- Todos aspiram (VTD) o ar poluído da cidade (OD), e isso não é bom para a saúde.
- Todos aspiram (VTI) a um planeta limpo e sustentável (OI).

Na primeira frase, o verbo **aspirar** foi empregado com o sentido de "respirar", "inspirar" e, nesse caso, é transitivo direto. Já na segunda frase, significa "almejar", "pretender" e, quando tem esse sentido, é transitivo indireto.

A regência é um dos aspectos da língua em que se evidenciam claramente as diferenças entre a norma-padrão e as variedades linguísticas. Mesmo entre os falantes que regularmente usam as variedades urbanas de prestígio, é comum haver diferenças no emprego da regência em situações de uso da língua escrita e da língua oral ou em situações de maior ou menor formalidade.

Quando há necessidade de produzir textos que sigam a norma-padrão formal, recomenda-se, para esclarecer dúvidas quanto à regência, a consulta a dicionários comuns ou especializados em regência.

No anúncio, o verbo **passear** foi empregado como transitivo direto na frase "Quem passeia quem?", o que está de acordo com a norma-padrão. No entanto, é comum, na linguagem corrente, esse verbo ser empregado acompanhado da preposição **com**: "Quem passeia com quem?", ou seja, a tutora passeia com o cachorro ou o cachorro passeia com a tutora.

Apresentamos a seguir os casos mais comuns de regência, de acordo com as orientações da gramática normativa.

Assistir

- É **transitivo indireto** quando significa "ver, presenciar":

> Os meninos **assistiram** a um espetáculo circense pela primeira vez.

- É **transitivo direto** nos sentidos de "acompanhar", "prestar assistência":

> Os transeuntes **assistiram** o acidentado, levando-o até o hospital.

Observação

Apesar de a gramática normativa e de alguns dicionários ainda apresentarem essa distinção entre as regências do verbo **assistir**, tem sido cada vez mais frequente na fala e na imprensa falada e escrita do Brasil o uso do verbo **assistir** como VTD quando apresenta o sentido de "ver", motivo pelo qual o *Dicionário Houaiss da língua portuguesa* registra: "no Brasil, é comum o uso deste verbo como t.d.: 'assistir o filme'".

Chegar – Ir

- São **intransitivos** e exigem a preposição **a** quando indicam lugar:

> - **Cheguei à** escola depois do sinal de entrada.
> - **Vou a**o cinema todos os sábados.

Obedecer – Desobedecer

- São **transitivos indiretos** e exigem a preposição **a**:

> - Tanto os pedestres quanto os motoristas devem **obedecer à**s leis de trânsito.
> - Anita **desobedeceu à** mãe e, como castigo, não pôde ir ao cinema com as amigas.

Esquecer – Lembrar

- São **transitivos diretos** quando não são pronominais, isto é, quando não exigem o pronome oblíquo:

> - A menina **esqueceu** os óculos de sol no balcão de atendimento do banco.
> - Minha mãe **não lembrou** a senha do cartão do banco.

- São **transitivos indiretos** quando pronominais, isto é, quando exigem o pronome oblíquo:

> - Elisa **esqueceu-se de** devolver o livro de Luciana.
> - Não **me lembro de** nada.

Mudança de regência

A regência de alguns verbos está sujeita a alterações ao longo da história, podendo sofrer mudanças por várias razões, entre elas a influência de outros verbos de sentido aproximado. Esse é o caso dos verbos **chegar** e **ir**. Atualmente, a maioria dos falantes do português brasileiro sempre os utiliza com a preposição **em**, ao passo que a norma-padrão recomenda a preposição **a**:

Cheguei **em** casa tarde.

Este fim de semana fui **no** cinema.

Apesar dessa tendência de nossa língua, recomenda-se que, em situações formais ou de avaliações, seja seguida a norma-padrão.

Exercícios

Leia, a seguir, as tirinhas com o personagem Armandinho:

(Disponível em: www1.folha.uol.com.br/colunas/quebracabeca/2016/04/1758875-crianca-deve-trabalhar.shtml. Acesso em: 20/4/2023.)

1. Nas duas tiras, o tema é o que Armandinho gosta ou não de fazer.

a) Na primeira e na segunda tira, o verbo **gostar** foi empregado com diferentes regências. Identifique-as.

b) Qual dos empregos está de acordo com a norma-padrão?

c) Como seria a frase da primeira tira com o verbo **gostar**, caso ela estivesse de acordo com a norma-padrão?

d) Reflita: Qual emprego do verbo **gostar** é mais familiar a você?

e) Na primeira tira, a regência do verbo **gostar** está de acordo com o personagem?

2. Os dicionários também registram a possibilidade de o verbo **gostar** ser empregado como transitivo direto, estando de acordo com a norma-padrão.

a) Nesse caso, que sentido tem o verbo **gostar**? Se necessário, consulte um dicionário.

b) Dê um exemplo em que o verbo **gostar** apresente essa regência.

3. Observe a fala do pai de Armandinho na primeira tira.

a) Qual é o sentido da fala do pai no segundo quadrinho?

b) O efeito de humor decorre da resposta de Armandinho à fala do pai. Explique por que essa resposta do menino gera humor.

4. Na segunda tira, Armandinho reflete sobre sua relação com a escola.

a) Ao final da tira, a que conclusão o menino chega sobre ir à escola?

b) Que aspectos verbais e não verbais constroem o sentido final da tira?

Leia os textos a seguir.

10 filmes de ficção científica que todo mundo deve assistir pelo menos uma vez na vida

Seleção de títulos inclui clássicos e também os contemporâneos.

Os filmes de ficção científica, ou *sci fi*, como são carinhosamente chamados pelos fãs do gênero, são de extrema importância para o cinema. Entre tantas opções, clássicos como "*O Dia em Que a Terra Parou*", "*Planeta dos Macacos*" e "*2001: Uma Odisseia no Espaço*" fizeram história e contribuíram muito para a evolução dos títulos que vieram depois.

Pensando nisso, o *Guia da Semana* lista *10 filmes de ficção científica que todo mundo deve assistir pelo menos uma vez na vida*. Confira:

[...]

(Disponível em: www.guiadasemana.com.br/cinema/galeria/filmes-de-ficcao-cientifica-que-todo-mundo-deve-assistir-pelo-menos-uma-vez-na-vida. Acesso em: 20/4/2023.)

Maximum Film/Alamy/Fotoarena

Cena do filme *O dia em que a Terra parou*, de Scott Derrickson (2008).

25 filmes da sua infância que você se esqueceu de ter visto

Quem nunca parou pra assistir os filmes da Sessão da Tarde e achava aquilo incrível? São tantos filmes bons na nossa memória, tantos personagens, tantas histórias. A gente cresceu vendo aqueles filmes, e provavelmente vamos nos lembrar deles durante a vida toda.

Mas, será que você realmente se lembra de ter assistido esses filmes? Sabe a história de todos? Lembra o nome dos personagens? A Fatos Nerd te ajuda.

Confira 25 filmes da sua infância que você se esqueceu completamente de ter visto.

[...]

(Disponível em: www.fatosdesconhecidos.com.br/25-filmes-da-sua-infancia-que-voce-se-esqueceu-de-ter-visto/. Acesso em: 17/9/2019.)

5. Os dois textos têm essencialmente o mesmo objetivo.

a) Qual é ele?

____

b) Quem é o público leitor de textos como esses?

____

____

6. Em ambos os textos, os autores empregam o verbo **assistir**.

a) Com qual regência o verbo **assistir** foi empregado?

____

b) Esse emprego está de acordo com a norma-padrão da língua? Se não, reescreva os trechos, empregando a regência de acordo com a norma-padrão.

____

____

____

____

c) Discuta com os colegas: Com qual regência você costuma empregar o verbo **assistir**?

7. No segundo texto, o autor utiliza os verbos **esquecer** e **lembrar**. Consulte os sentidos e as regências desses verbos em um dicionário e responda com base em sua pesquisa:

a) Qual é a regência do verbo **esquecer** utilizada pelo autor do texto?

____

b) Essa regência segue a norma-padrão da língua?

____

c) O verbo **lembrar** está empregado com duas regências. Qual (Quais) delas está (estão) de acordo com a norma-padrão?

____

____

____

____

8. Os verbos **esquecer** e **lembrar** apresentam duas regências possíveis de acordo com a norma-padrão. Reescreva o título do segundo texto, utilizando a outra opção de emprego do verbo **esquecer** de acordo com a norma-padrão.

____

____

DIVIRTA-SE

EM CARTAZ...

Cazo/Acervo do cartunista

CAPÍTULO 6

Aposto e vocativo

Aposto

Construindo o conceito

O personagem Ozzy, criado por Angeli, é um menino que tem muitos hábitos estranhos, entre eles o de criar lesmas em casa. Sua prima Ercília foi passar alguns dias na casa dele. Veja o que aconteceu:

(Angeli. *Ozzy 4*. São Paulo: Cia. das Letras, 2006. p. 15.)

polaroide: câmera que revela instantaneamente a foto que produziu.

1. O título da tira é "Álbum de família".

a) Qual é a razão desse título?

____

____

b) O que indicam os números que estão abaixo das imagens?

____

____

c) Qual é a reação de Ercília ao ver os hábitos de Ozzy?

2. Releia a legenda do 1º quadrinho e observe o termo destacado:

> "Na polaroid acima, Ercília, **prima de Ozzy**, no momento exato em que entrava no banheiro, hoje pela manhã."

a) Que outra palavra a expressão "prima de Ozzy" acompanha na frase? Qual é o seu papel?

b) Que sinal de pontuação foi empregado para isolar esse termo?

3. Identifique, nas frases abaixo, o termo que desempenha um papel semelhante ao da expressão "prima de Ozzy". Depois, indique o termo que ele acompanha.

a) A prima de Ozzy, Ercília, se assustou com o que viu no banheiro.

b) Ozzy, criador de lesmas, se divertiu com a situação.

c) Ercília, hoje pela manhã, se assustou ao conhecer o *hobby* de Ozzy: as lesmas.

Conceituando

Você notou que, na tira, a expressão "prima de Ozzy" cumpre o papel de explicar quem é Ercília. Esse termo da oração recebe o nome de aposto, pois é um termo que se apõe a outro para explicá-lo.

Aposto é o termo da oração que se junta a um substantivo, a um pronome ou a uma oração para explicá-los, resumi-los ou identificá-los.

Entre o aposto e o termo a que ele se refere costuma haver uma pausa, marcada pela vírgula ou, em casos especiais, por dois-pontos, travessão ou parênteses. Veja:

aposto

Duas coisas incomodavam Ercília: **as lesmas e a desfaçatez do primo**.

Às vezes, pode não haver pausa. Isso ocorre quando o aposto especifica ou individualiza o termo a que se refere. Observe:

Encontro você às 10 horas, na praça **da Independência**, em frente às Lojas **Riachuelo**.

Morfossintaxe do aposto

A função de aposto pode ser desempenhada por substantivo, pronome ou oração:

pronome — substantivo

Pedrinhas, parafusos, clipes, botões, **tudo** ele, **meu vizinho**, guardava em uma lata de bolachas.

pronome

Vocativo

Construindo o conceito

Leia este quadrinho de Laerte:

© Laerte/Acervo da cartunista

(*Classificados — Livro 2*. São Paulo: Devir, 2002. p. 29.)

1. A tira mantém intertextualidade com uma narrativa bíblica.

a) Qual é essa narrativa? O que ela narra essencialmente?

____

____

b) Que elementos do quadrinho comprovam essa relação de intertextualidade?

c) De que forma a tira surpreende e cria humor?

2. Observe, na frase do balão, o emprego da palavra **pessoal**.

a) A quem ela se refere, no contexto?

b) Qual é o papel dessa palavra no quadrinho?

c) Que sinais de pontuação foram empregados para isolar esse termo?

d) Explique por que a escolha desse termo também contribui para a construção do humor do quadrinho.

3. Identifique, em cada uma das frases abaixo, o termo que desempenha um papel semelhante ao da palavra **pessoal**.

a) Marcos, você já está pronto para ir à escola?

b) Em que dia vai ser a prova, professor?

c) Lamento, meus amigos, mas o *show* vai ser cancelado.

Conceituando

Você viu, na tira, que o termo **pessoal** coloca em evidência os interlocutores de Noé. Esse termo da oração recebe o nome de **vocativo**.

Vocativo é o termo da oração por meio do qual chamamos ou interpelamos nosso interlocutor, real ou imaginário.

Na escrita, o vocativo aparece isolado por vírgulas ou seguido de ponto de exclamação e pode vir precedido da interjeição de chamamento **ó**. Veja:

Ó pessoal, depois do dilúvio, cada um vai pro seu lado!!

Observe que, no quadrinho, o termo **pessoal** não se subordina a nenhum outro termo da frase. Seu papel é apenas invocar, chamar ou nomear uma pessoa.

Exercícios

Leia o texto a seguir e responda às questões 1 a 3.

"Há mais ou menos 70 anos, morávamos no Estado do Rio, eu estava cursando o ginasial quando li que em São Paulo a Cásper Líbero estava inaugurando a faculdade de jornalismo. Com o entusiasmo dos meus 15 anos ousei dizer ao meu pai, que eu adorava, que queria ir para São Paulo fazer o colegial para poder tentar entrar na faculdade.

Ele me olhou nos olhos e disse: 'Rita, jornalismo é profissão para homem'. Naquela época, fazia parte da educação não contestar os nossos pais [...].

Hoje, querida, quando leio as suas crônicas no jornal, todos os domingos, não me sinto frustrada. Muito pelo contrário: me sinto plenamente realizada porque vejo em você tudo aquilo que eu não pude ser."

Essa foi a carta que minha avó me escreveu quando lancei o meu último livro. Não sei explicar muito bem o que senti quando abri o envelope branco que acompanhava o vasinho de begônias e li tudo isso. Um misto de honra e angústia, gratidão e revolta. Minha avó é uma das pessoas mais brilhantes que conheci nesse meu caminho tão supostamente povoado por pessoas tidas como brilhantes. Que bela jornalista Dona Rita teria sido. Quanta coisa o Brasil perdeu por não ter suas palavras estampadas nos jornais.

Biry Sarkis/Acervo da editora

[...]

Dona Rita, hoje esse jornal também é seu. Hoje a coluna do Caderno 2 também é sua. Sua e de todas as mulheres cujos talentos foram barrados ao longo da vida. [...]

Obrigada por se orgulhar de mim, mas o mérito é todo seu. Você, como mulher forte, criou minha mãe, que é coragem pura, e que, por sua vez, me criou para ser forte como você e corajosa como ela. A mim, só me cabe ser grata. Eu só estou aqui porque você está aí. [...] Obrigada por tudo.

(Ruth Manus. Disponível em: https://www.estadao.com.br/emais/ruth-manus/tudo-o-que-eu-nao-fui/. Acesso em: 3/5/2023.)

1. Os três primeiros parágrafos do texto estão entre aspas.

a) Qual trecho do quarto parágrafo justifica o uso desse recurso? Por quê?

b) Dois vocativos foram empregados nesses parágrafos. Explique a quem cada um se refere no contexto.

2. A autora do texto fala de seu sentimento ao ler a carta da avó. Releia este trecho:

"Não sei explicar muito bem o que senti quando abri o envelope branco que acompanhava o vasinho de begônias e li tudo isso. Um misto de honra e angústia, gratidão e revolta."

a) Reescreva essas duas frases transformando-as em uma só, com aposto. Em seguida, identifique o termo que tem a função de aposto no contexto.

b) Compare a reescrita do item **a** com o texto original. Depois, troque ideias com os colegas e com o professor e responda: Qual é a diferença de sentido entre as duas versões?

c) Os sentimentos citados pela autora são complementares ou contraditórios? São positivos ou negativos? Justifique sua resposta e conclua: Por que ela tem esses sentimentos, considerando toda a situação?

3. Nos dois últimos parágrafos, a autora do texto emprega um vocativo.

a) Identifique-o e indique a quem ela se dirige por meio dele.

b) Qual outra palavra ela emprega nesses parágrafos para se dirigir à mesma pessoa?

c) Em geral, em quais situações do nosso cotidiano empregamos vocativos como o identificado no item **a** e a palavra identificada no item **b**? É comum eles serem empregados juntos, em uma única frase?

d) Troque ideias com os colegas e o professor: Qual é o sentido construído no texto pelo uso desses dois termos?

Leia esta tira:

(Alexandre Beck. *Armandinho dez.* Florianópolis: A. C. Beck, 2018. p. 47.)

4. Na tira, um garoto indígena está explicando a outra criança o sentido da palavra **pejorativo**. Quando fazemos um comentário pejorativo, estamos tendo uma atitude positiva ou negativa em relação ao assunto ou à pessoa? Por quê?

5. O humor crítico da tira é construído de forma sutil e, como é comum nesse gênero, concentra-se principalmente no último quadrinho.

a) Explique como é construído o humor crítico na tira lida.

b) As tiras de Alexandre Beck, criador do personagem Armandinho, geralmente são críticas em relação a alguns comportamentos sociais. A tira em estudo confirma essa afirmação? Por quê?

6. Identifique no texto o vocativo que é elemento-chave na construção do humor do texto.

7. Há, na tira, uma expressão que assume o papel de aposto da palavra latina ***pejorare***. Qual é ela?

Leia este texto, publicado em um jornal voltado ao público infantojuvenil:

Paquistanesa diz ter batido recorde de pessoa mais jovem a escalar 7 mil metros

Selena Khawaja, uma jovem paquistanesa de 10 anos, afirma ter se tornado a pessoa mais jovem a escalar um pico de 7 mil metros. No dia 17 de julho, ela chegou ao topo da montanha Spantik, no Paquistão, que é duas vezes maior do que o Pico da Neblina, o ponto mais alto do Brasil. "Foi uma sensação muito boa. Senti que estava no topo do mundo", diz a garota, que realizou o percurso acompanhada do pai.

O *Guinness Book* (livro dos recordes) afirmou ao jornal *The Telegraph* que o feito de Khawaja é impressionante, mas que não a incluirá na publicação porque só registra recordes desse tipo para pessoas a partir de 16 anos.

(Disponível em: https://jornaljoca.com.br/portal/paquistanesa-diz-ter-batido-recorde-de-pessoa-mais-jovem-a-escalar-7-mil-metros/. Acesso em: 3/5/2023.)

H.GOHAR/Alamy/Fotoarena

Pôr do sol sobre o Pico Dourado, também conhecido como Spantik.

8. Qual é a sua opinião sobre a decisão do *Guinness Book* de não incluir o nome de Selena entre os recordistas? Justifique seu ponto de vista.

9. Releia o 1º parágrafo do texto, observando a presença de apostos. Indique-os e, na sequência, indique também a palavra ou o termo que eles acompanham.

10. Releia o 2º parágrafo do texto e marque, na relação a seguir, os termos que desempenham a função de aposto.

- [ ] O *Guinness Book*
- [ ] ao jornal
- [ ] livro de recordes
- [ ] *The Telegraph*

4. Considerando o tema central do poema e o modo como o eu lírico o desenvolve, comente: Qual é a importância dos apostos e do vocativo para a construção do texto?

5. Para você, que está entrando na adolescência, o que essa fase representa? E a vida?

SEMÂNTICA E DISCURSO

Leia esta tira:

(*Folha de S.Paulo*, 17/10/2008.)

1. Na tira, há um aposto distributivo, isto é, um conjunto de palavras que detalha o conteúdo de uma palavra que tem sentido genérico.

a) Quais são as palavras que cumprem o papel de aposto distributivo?

b) Que outra palavra ou expressão eles acompanham e detalham?

2. Suponha que a fala da menina tivesse a seguinte construção:

> A minha pilha de bichinhos de pelúcia tem ursinho... baleia... girafa... leãozinho... tudo!

a) Qual é o aposto nessa frase?

____

b) Os termos que você identificou na questão 1 apresentam a mesma função sintática nessa frase? Explique.

____

____

Leia as frases a seguir, compare-as do ponto de vista semântico e responda às questões 3 e 4.

I. Marina, minha filha vai chegar hoje de viagem.
II. Marina, minha filha, vai chegar hoje de viagem.
III. Minha filha vai chegar hoje de viagem, Marina.
IV. Minha filha, Marina, vai chegar hoje de viagem.
V. Marina vai chegar hoje, minha filha.

lemono/Shutterstock

3. Observe o emprego da palavra **Marina**:

a) Em quais dessas frases a palavra **Marina** desempenha a função de sujeito?

____

b) Em qual das frases a palavra **Marina** desempenha ou pode desempenhar a função de aposto, dependendo do contexto e da intencionalidade?

____

c) Em quais das frases a palavra **Marina** desempenha ou pode desempenhar a função de vocativo, dependendo do contexto e da intencionalidade?

____

4. Observe agora o emprego da expressão "minha filha":

a) Em quais das frases a expressão desempenha a função de sujeito?

____

b) Em qual das frases a expressão "minha filha" desempenha ou pode desempenhar a função de aposto, dependendo do contexto e da intencionalidade?

____

c) Em quais das frases a expressão "minha filha" desempenha ou pode desempenhar a função de vocativo, dependendo do contexto e da intencionalidade?

Leia esta anedota:

O detetive mais famoso do mundo, Sherlock Holmes, e seu fiel assistente, o doutor Watson, vão acampar. Após jantar, eles vão para os sacos de dormir e caem no sono. Algumas horas depois, Holmes acorda, sacode o amigo e diz:

— Watson, olhe para o céu estrelado. O que você deduz disso?

Depois de ponderar um pouco, Watson diz:

— Bem, pelo que vejo, estimo que existam milhões de galáxias e potencialmente bilhões de planetas. Também dá pra supor, pela posição das estrelas, que são cerca de 3h15 da madrugada. O que você me diz, Holmes?

Sherlock responde:

— Elementar, Watson, [...]. Alguém roubou nossa barraca!

(Paulo Tadeu. *O melhor do proibido para maiores*. São Paulo: Matrix, 2014. p. 74.)

Jean Galvão/Acervo da editora

5. O humor da anedota é construído em torno de uma pequena distração do assistente Watson. Qual é a distração?

6. A respeito do 1º parágrafo do texto:

a) Identifique e classifique o sujeito da primeira frase.

b) Os termos **Sherlock Holmes** e **o doutor Watson** desempenham qual função sintática no texto?

c) Esses termos acompanham que outros termos da oração?

7. Faça uma experiência: Reescreva a frase, colocando os termos **Sherlock Holmes** e **o doutor Watson** antes dos termos que acompanham, fazendo as adaptações necessárias quanto à pontuação. Depois responda:

a) Qual é a função desses dois termos na nova redação?

____

b) Qual é a função sintática dos termos "O detetive mais famoso do mundo" e "seu fiel assistente"?

____

8. Identifique outros apostos e vocativos no texto.

____

DE OLHO NA escrita

HÁ OU A?

Leia este texto:

Crocodilo de 2,5 metros que vivia há mais de uma década em porão nos EUA é resgatado e retorna à natureza

Ter um crocodilo dentro de casa pode parecer um tanto quanto improvável, mas um casal do norte da Filadélfia, cidade da Pensilvânia (EUA), achou que seria "legal" ter um como animal de estimação. Batizado de "Big Mack", o réptil de 2,5 metros vivia em um porão há 11 anos, um recinto pequeno e improvisado que não tinha água ou luz solar suficientes para manter uma vida selvagem. [...]

Reprodução/ACCT Philly

Nos EUA, as regras sobre como manter crocodilos como animais de estimação variam em cada estado e em alguns isso é legalizado. No caso da Filadélfia, a Comissão de Peixes e Barcos da Pensilvânia não regula a posse de répteis e anfíbios não nativos. [...]

"Enquanto esses animais não forem soltos na natureza, não há regulamentos estaduais sobre sua propriedade. Da mesma forma, não há permissão estatal necessária para possuir esses animais. No entanto, pode haver decretos municipais locais, que regulam a propriedade de 'animais perigosos' e você deve verificar com seu governo local antes de comprar tal animal", disse a Comissão em comunicado no site.

(Disponível em: https://umsoplaneta.globo.com/biodiversidade/noticia/2023/04/22/crocodilo-de-25-metros-que-vivia-ha-mais-de-uma-decada-em-porao-de-casa-na-filadelfia-e-resgatado-e-retorna-a-natureza-veja-video.ghtml. Acesso em: 5/5/2023.)

1. A respeito do texto, responda:

a) A legislação dos Estados Unidos permite que se criem crocodilos como animais de estimação? Justifique.

____

____

b) Considerando o emprego das aspas no último parágrafo, deduza: A palavra **você** dirige-se diretamente ao leitor do texto? Justifique sua resposta.

____

____

____

2. Compare estas orações:

- "o réptil de 2,5 metros vivia em um porão há 11 anos"
- "não há regulamentos estaduais sobre sua propriedade"

Nas duas, o verbo **haver** é impessoal, isto é, não tem variações de pessoa, sendo empregado apenas na 3ª pessoa do singular. Em uma delas, o verbo **haver** pode ser substituído pelo verbo **fazer**, também impessoal; na outra, pode ser substituído pelo verbo **existir**, flexionado. Considerando o sentido de cada uma das orações em análise, reescreva-as, substituindo adequadamente a forma verbal **há** por formas similares dos verbos **fazer** ou **existir**.

____

____

____

____

____

____

Você viu, nos exercícios, que o verbo **haver**, quando empregado no sentido de **existir** ou quando tem o sentido de tempo decorrido, é impessoal e deve ser empregado no singular: **há**. Ocorre que a preposição **a** também pode, em alguns casos, indicar tempo. Veja, a seguir, as situações em que devemos empregar **há** ou **a**.

Emprega-se **há**:

- com referência a tempo passado (equivale a **faz**):

> O crocodilo está no porão **há** onze anos.

- quando é uma forma do verbo **haver**:

> "Não **há** permissão estatal necessária para possuir esses animais."

Emprega-se **a**:

- com referência a tempo futuro:

> O crocodilo será levado para um santuário daqui **a** alguns meses.

- com referência a distância:

> A casa ficava **a** dois quilômetros da delegacia.

"Há vinte anos" e "vinte anos atrás"

Com referência a tempo decorrido, **há** equivale a **atrás**, embora seja recorrente no cotidiano o uso das duas formas em uma mesma frase.

Pode-se considerar que esse tipo de construção tem caráter enfático, com o fim de reforçar a ideia de que se trata de um fato passado que já se encerrou.

A gramática normativa, entretanto, considera que esse uso seja redundante e, por isso, recomenda empregar apenas uma ou outra destas formas:

> - Há vinte anos eu era assim.
> - Eu era assim vinte anos atrás.

Exercícios

1. Leia este texto:

Asteroide "assassino de planetas" é descoberto. Mas ________ risco para a Terra?

O 2022 AP7 atravessa a órbita da Terra em torno do Sol e tem tamanho suficiente para destruir o nosso planeta, mas só representará risco daqui ________ muitas gerações

Um grupo de astrônomos estava buscando novos asteroides de tamanhos modestos, capazes de impactar uma cidade ou animais

Dima Zel/Shutterstock

Asteroide no espaço exterior próximo ao planeta Terra.

mais volumosos, quando detectou uma nova potencial ameaça: um asteroide capaz de esterilizar a superfície terrestre. Mas não ________ necessidade imediata de preocupação — serão muitas gerações até que ele possa representar um perigo para o nosso planeta.

[...]

É possível que, "nos próximos milhares de anos, ele possa vir ________ ser um problema para os nossos descendentes", disse Alan Fitzsimmons, um astrônomo da Queen's University Belfast [...].

(Disponível em: https://www.terra.com.br/byte/ciencia/asteroide-assassino-de-planetas-e-descoberto-mas-ha-risco-para-a-terra,7c1a3609431b53da21f2c77551a74465bye89fg2.html. Acesso em: 5/5/2023.)

a) Complete corretamente as lacunas do texto com a **há** ou **a**. Depois, justifique suas respostas.

____

____

____

____

b) O título do texto contém uma pergunta. O texto responde a essa pergunta? Justifique sua resposta.

____

____

____

____

____

____

2. Complete as frases com **a** ou **há**:

a) Falamos ________ pouco que não ________ mais vagas para motocicletas naquele estacionamento.

b) Daqui ________ poucos minutos chegaremos ao local onde ________ o restaurante sobre o qual falamos ontem, que fica ________ 50 km de distância da nossa casa.

c) ________ muitos anos não vemos mais casas nas quais ________ sótão e porão.

d) A entrada da loja está ________ poucos metros do cruzamento no qual ________ uma sorveteria e um supermercado.

e) ________ dois anos não vamos àquela cidade. Ainda hoje, ________ muitos alagamentos com as chuvas de verão, e a água fica ________ poucos metros das janelas de algumas casas.

3. Veja o título do livro ao lado.

a) Proponha duas possibilidades de reescrita para esse título, eliminando a redundância que há nele.

b) Troque ideias com os colegas e o professor e levante hipóteses: Por que o título do livro tem essa construção? Que diferença de sentido há entre a versão original e as reescritas que você propôs no item **a**?

(Disponível em: https://www.martinsfontespaulista.com.br/era-uma-vez--ha-muito-tempo-atras----622695/p. Acesso em: 5/5/2023.)

DIVIRTA-SE

CAPÍTULO 7

Pontuação

Construindo o conceito

Leia o texto a seguir.

"Prepara a marmita do Nelson que a partir de amanhã ele vai trabalhar comigo." A história poderia começar assim, na virada dos anos 1960 para os 1970, com o pai de Nelson Cruz levando o garoto de 12 anos para ajudá-lo no trabalho de pedreiro.

Gago e tímido, o menino tinha acabado de abandonar a escola. [...]

Ilustração de "Se os Tubarões Fossem Homens", de Nelson Cruz.

Nelson Cruz/Acervo do artista

Mas histórias não são tão lineares e nem sempre começam do início. Esta, por exemplo, poderia ser contada de outro jeito. Em novembro de 2021, no palco da cerimônia online do prêmio Jabuti, o maior troféu literário brasileiro, o imortal da Academia Brasileira de Letras Ignácio de Loyola Brandão abriu o envelope com o nome do vencedor da principal categoria da noite, a de livro do ano, que premia o melhor entre todos os laureados.

"Eu sei ler, mas vai ser complicado: 'Sagatrissuinorana'", anunciou Loyola Brandão, pausadamente, tentando não errar o título do livro escrito por João Luiz Guimarães, publicado pela editora Ôzé e ilustrado pelo mesmo Nelson Cruz. "É o que sempre apostei quando comecei na ilustração — eu só poderia levar para o público jovem aquilo que me formou, que foi a literatura", disse Nelson no discurso de agradecimento.

A obra premiada, que reconta a fábula dos três porquinhos à moda de "Sagarana" e de João Guimarães Rosa, fez não apenas com que o menino fugitivo de escolas ganhasse mais um Jabuti para a sua coleção. Ela foi a coroação de um projeto de décadas, nas quais Nelson criou um diálogo visual com diferentes escritores consagrados, apresentando-os e criando releituras em dezenas de livros ilustrados.

Guimarães Rosa aparece também em "No Longe dos Gerais" (Cosac Naify, 2004); Carlos Drummond de Andrade, em "A Máquina do Poeta" (SM, 2015); Graciliano Ramos, em "Um Escritor na Capela" (SM, 2016); Bertolt Brecht, em "Se os Tubarões Fossem Homens" (Olho de Vidro, 2018); Goethe, em "O Aprendiz de Feiticeiro" (Cosac Naify, 2006); Murilo Rubião, em "O Edifício" (Positivo, 2016), Machado de Assis, em "Conto de Escola" (Ciranda Cultural, 2020). A lista segue com tantos outros. [...]

Tudo isso tem a ver com aquela fuga da escola. Depois de saber que o menino estava trabalhando como pedreiro, uma amiga da mãe de Nelson conseguiu uma bolsa de estudos para ele, que já demonstrava talento para o desenho, ter aulas com a artista plástica Esthergilda Menicucci. Para ir até o ateliê da professora, o rapaz cruzava a capital mineira, da periferia até o bairro da Savassi, às vezes de ônibus, muitas vezes a pé. Foi nesse caminho que cruzou com a Biblioteca Pública.

"Não tive coragem de entrar imediatamente. Foi na terceira ou quarta vez que decidi ir lá e perguntar se eles tinham livros de arte e sobre pintores", lembra. No terceiro andar do prédio, projetado por Oscar Niemeyer e inaugurado em 1954 pelo então governador Juscelino Kubitschek, Nelson devorou volumes e mais volumes sobre nomes como Michelangelo, Leonardo Da Vinci, Pablo Picasso, Candido Portinari e Di Cavalcanti.

Foi um pulo até a seção de jornais e, mais tarde, até a de literatura. "Foi quando me tornei leitor. Descobri Fernando Sabino, Henriqueta Lisboa, Drummond, Vinícius de Moraes. Tive a sensação de que a escola não tinha saído de mim." [...]

(Disponível em: https://www1.folha.uol.com.br/blogs/era-outra-vez/2023/03/livro-ilustrado-nao-e-so-para-criancas-isso-me-aborrece-diz-nelson-cruz.shtml. Acesso em: 9/5/2023.)

Há, no texto lido, diversos sinais de pontuação, alguns dos quais você já estudou, como o ponto e os dois-pontos. Nos exercícios seguintes, você vai analisar o emprego de outros sinais.

1. O texto em estudo conta a história de um artista brasileiro que ganhou um importante prêmio.

a) Quem é esse artista e que prêmio ele ganhou?

____

b) Explique a relação entre o trabalho desse artista e sua história de vida, mencionada em seu discurso de agradecimento ao prêmio que ele ganhou.

____

____

c) A quais textos o artista teve acesso na biblioteca que passou a visitar? Você conhece algum(ns) dos nomes citados nos dois últimos parágrafos? Compartilhe com os colegas e o professor.

____

____

____

____

____

d) Troque ideias com os colegas e o professor e explique a fala do artista que encerra o texto: "Tive a sensação de que a escola não tinha saído de mim.".

____

____

2. O travessão foi empregado uma vez no texto lido. Releia o trecho no qual ele foi utilizado.

a) Trata-se de travessão duplo, isto é, o sinal foi empregado no começo e no final do trecho, ou de um travessão simples, usado apenas no começo?

b) Nesse trecho, o travessão é utilizado para isolar um discurso citado, isto é, a fala de alguém, ou para destacar um comentário no interior de uma frase? Justifique sua resposta.

c) Levante hipóteses: Que outro sinal de pontuação poderia ter sido utilizado nesse mesmo trecho, em vez do travessão, sem alterar de modo substancial o sentido do texto?

3. Observe o emprego das aspas ao longo do texto.

a) Uma das funções das aspas é marcar trechos ou falas de outras pessoas que não são do autor do texto. Encontre no texto em estudo três trechos nos quais as aspas foram utilizadas com essa função.

b) Observe os verbos presentes nos trechos selecionados por você no item **a**. Depois, troque ideias com os colegas e o professor e responda: Que relação eles têm com os trechos marcados pelas aspas?

c) Veja a seguir outras duas funções que as aspas podem ter:

- destacar uma palavra;
- relativizar o sentido de uma palavra.

Há, no texto em estudo, ocorrências do emprego de aspas com essas funções? Justifique sua resposta com exemplos.

4. Agora, observe o emprego da vírgula em cada um dos trechos a seguir.

I. "[...] no palco da cerimônia on-line do prêmio Jabuti, o maior troféu literário brasileiro, o imortal da Academia Brasileira de Letras Ignácio de Loyola Brandão abriu o envelope [...]"

II. "Nelson devorou volumes e mais volumes sobre nomes como Michelangelo, Leonardo Da Vinci, Pablo Picasso, Candido Portinari e Di Cavalcanti."

III. "Para ir até o ateliê da professora, o rapaz cruzava a capital mineira [...]"

IV. "Esta, por exemplo, poderia ser contada de outro jeito."

a) Troque ideias com os colegas e o professor e deduza: Qual das funções da vírgula listadas abaixo corresponde a cada um dos trechos? Numere as funções indicando a correspondência que vocês encontraram.

☐ Isolar oração com valor de adjunto adverbial quando está no início da frase.

☐ Separar termos ou orações de valor (ou função) equivalente.

☐ Isolar uma expressão explicativa.

☐ Isolar aposto.

Nelson Cruz/Acervo do artista

b) Encontre, no texto, outros trechos que exemplifiquem duas das funções listadas no item **a**.

5. Releia este trecho:

> "Guimarães Rosa aparece também em 'No Longe dos Gerais' (Cosac Naify, 2004); Carlos Drummond de Andrade, em 'A Máquina do Poeta' (SM, 2015); Graciliano Ramos, em 'Um Escritor na Capela' (SM, 2016); Bertolt Brecht, em 'Se os Tubarões Fossem Homens' (Olho de Vidro, 2018); Goethe, em 'O Aprendiz de Feiticeiro' (Cosac Naify, 2006); Murilo Rubião, em 'O Edifício' (Positivo, 2016), Machado de Assis, em 'Conto de Escola' (Ciranda Cultural, 2020). A lista segue com tantos outros."

Analise o emprego do ponto e vírgula e da vírgula no trecho lido. Troque ideias com os colegas e o professor e levante hipóteses: Que papel é desempenhado por esses sinais de pontuação nesse trecho? Justifique sua resposta.

____

____

____

____

____

____

____

____

Conceituando

Pontuação

Analisando o emprego de alguns sinais de pontuação do texto de abertura deste capítulo, você pôde observar que esses sinais contribuem para a construção de sentidos do texto, destacando, fazendo referências e organizando o texto como um todo. A pontuação pode, ainda, no texto escrito, indicar a entonação de um termo ou expressão, além de contribuir para a coesão entre as palavras e partes do texto, tornando-o mais claro e preciso.

A pontuação marca, na escrita, a coesão entre palavras e partes do texto, tornando mais preciso seu sentido. Além disso, pode apontar as diferenças de entonação na leitura.

No ano anterior, você estudou o emprego do ponto, do ponto de exclamação, do ponto de interrogação, dos dois-pontos e viu algumas situações de emprego do travessão e da vírgula. Veja, a seguir, outros usos do travessão e da vírgula e situações de emprego do ponto e vírgula, das aspas e das reticências.

Travessão

Além de ser empregado para indicar a mudança de interlocutor nos diálogos, o travessão é utilizado:

- para isolar a fala da personagem da fala do narrador:

> — Adoro as marias-sem-vergonha! São florzinhas do mato, nascem à toa, colorem as escadas, a grama, não são metidas a besta como as orquídeas! — disse a avó da Júlia.
>
> (Sylvia Orthof)

- para destacar ou isolar palavras, expressões ou comentários no interior de frases:

> As aulas de desenho — graças à bolsa de estudos conseguida pela amiga da mãe — foram um estímulo para que Nelson Cruz desenvolvesse seu talento.

Vírgula

A vírgula geralmente é empregada:

- para separar termos que exercem a mesma função sintática — **sujeito**, **complementos**, **adjuntos**, **predicativos** —, quando não estão unidos por **e**, **ou** e **nem**:

> "Foi quando me tornei leitor. Descobri Fernando Sabino, Henriqueta Lisboa, Drummond, Vinícius de Moraes."

- para isolar o aposto:

> O texto conta a história de Nelson Cruz, ganhador do prêmio Jabuti.

- para isolar o vocativo:

> — Nelson, venha buscar seu prêmio.

- para isolar o adjunto adverbial quando ele está no início da frase e é longo ou se quer destacá-lo:

> Em novembro de 2021, Nelson Cruz ganhou o prêmio Jabuti.

- para isolar expressões explicativas, como **isto é**, **por exemplo**, **ou melhor**, **ou seja**, etc.:

> "Esta [história], por exemplo, poderia ser contada de outro jeito."

- para indicar supressão de uma palavra (geralmente um verbo) ou de um grupo de palavras:

> "Guimarães Rosa aparece também em 'No Longe dos Gerais' (Cosac Naify, 2004); Carlos Drummond de Andrade, em 'A Máquina do Poeta' (SM, 2015); Graciliano Ramos, em 'Um Escritor na Capela' (SM, 2016) [...]."

- para isolar nomes de lugares antepostos a datas:

> Teresina, 5 de maio de 2024.

Quando não usar a vírgula

O uso da vírgula segue uma orientação básica: não se deve empregá-la entre o sujeito e o predicado e entre o verbo e seus complementos. Assim, no texto a seguir, o sujeito **Toda floresta** não se separa de seu predicado, **começa com apenas uma árvore**. Da mesma maneira, as formas verbais **plante** e **mude** não se separam por vírgula de seus complementos, **uma árvore** e **o mundo**.

Reprodução/www.vinaec.com.br

Ponto e vírgula

O ponto e vírgula é empregado para:

- separar ou organizar os itens de um enunciado:

> Os clientes que optarem por nosso plano de viagem terão direito a:
> a) uma passagem aérea com tarifa reduzida;
> b) um apartamento em hotéis da classe turística;
> c) café da manhã no hotel;
> d) visitas a locais turísticos com guias especializados.

- organizar com maior clareza as orações interiormente já separadas por vírgulas:

> "Guimarães Rosa aparece também em 'No Longe dos Gerais'(Cosac Naify, 2004); Carlos Drummond de Andrade, em 'A Máquina do Poeta' (SM, 2015); Graciliano Ramos, em 'Um Escritor na Capela' (SM, 2016); Bertolt Brecht, em 'Se os Tubarões Fossem Homens' (Olho de Vidro, 2018); Goethe, em 'O Aprendiz de Feiticeiro' (Cosac Naify, 2006); Murilo Rubião, em 'O Edifício' (Positivo, 2016), Machado de Assis, em 'Conto de Escola' (Ciranda Cultural, 2020)."

Aspas

As aspas são usadas no início e no final de citações para destacar palavras estrangeiras e gírias, para indicar a fala de pessoas ou de personagens e para chamar a atenção para uma palavra ou relativizar o seu sentido.

> "Prepara a marmita do Nelson que a partir de amanhã ele vai trabalhar comigo." A história poderia começar assim, na virada dos anos 1960 para os 1970, com o pai de Nelson Cruz levando o garoto de 12 anos para ajudá-lo no trabalho de pedreiro.

> A obra premiada, que reconta a fábula dos três porquinhos à moda de "Sagarana" e de João Guimarães Rosa, fez não apenas com que o menino fugitivo de escolas ganhasse mais um Jabuti para a sua coleção.

Reticências

As reticências podem indicar interrupções na fala ou sugerir alegria, ironia, silêncio, dúvida, ameaça, surpresa, etc.

Veja uma situação de emprego de reticências para indicar surpresa:

> — Sensacional! Nunca tinha visto um noivo de macacão vermelho, antes. Gostei. Confesso que quando entrei na igreja e vi você no altar, de capacete...
>
> (Luis Fernando Verissimo. *Histórias divertidas*. São Paulo: Ática, 1993. Col. Para Gostar de Ler, v. 13.)

Exercícios

Leia a tira a seguir e responda às questões 1 a 3.

(Disponível em: https://bichinhosdejardim.com/pesquisinha/. Acesso em: 3/5/2023.)

1. A flor está entrevistando a planta para uma pesquisa.

a) Observe a expressão facial da flor na tira e explique como ela se altera ao longo dos quadrinhos.

____

____

____

b) Qual é a reação da planta na interação com a flor ao longo dos quadrinhos?

c) Troque ideias com os colegas e o professor e conclua: Que relação se pode estabelecer entre o conteúdo da pergunta feita pela flor e o comportamento da planta?

d) Explique por que o fato de a personagem entrevistada ser uma planta e ter esse comportamento ao longo da tira contribui para a construção de humor do texto.

2. Observe as duas ocorrências de reticências nos quadrinhos 3 e 4. Tendo em vista o contexto, explique a função de cada uma delas na tira.

3. Releia a fala da flor no último quadrinho.

a) Qual é a função das aspas nessa fala?

b) Levante hipóteses: Por que essa pergunta seria "mais fácil" do ponto de vista da flor?

Leia o texto a seguir e responda às questões 4 e 5.

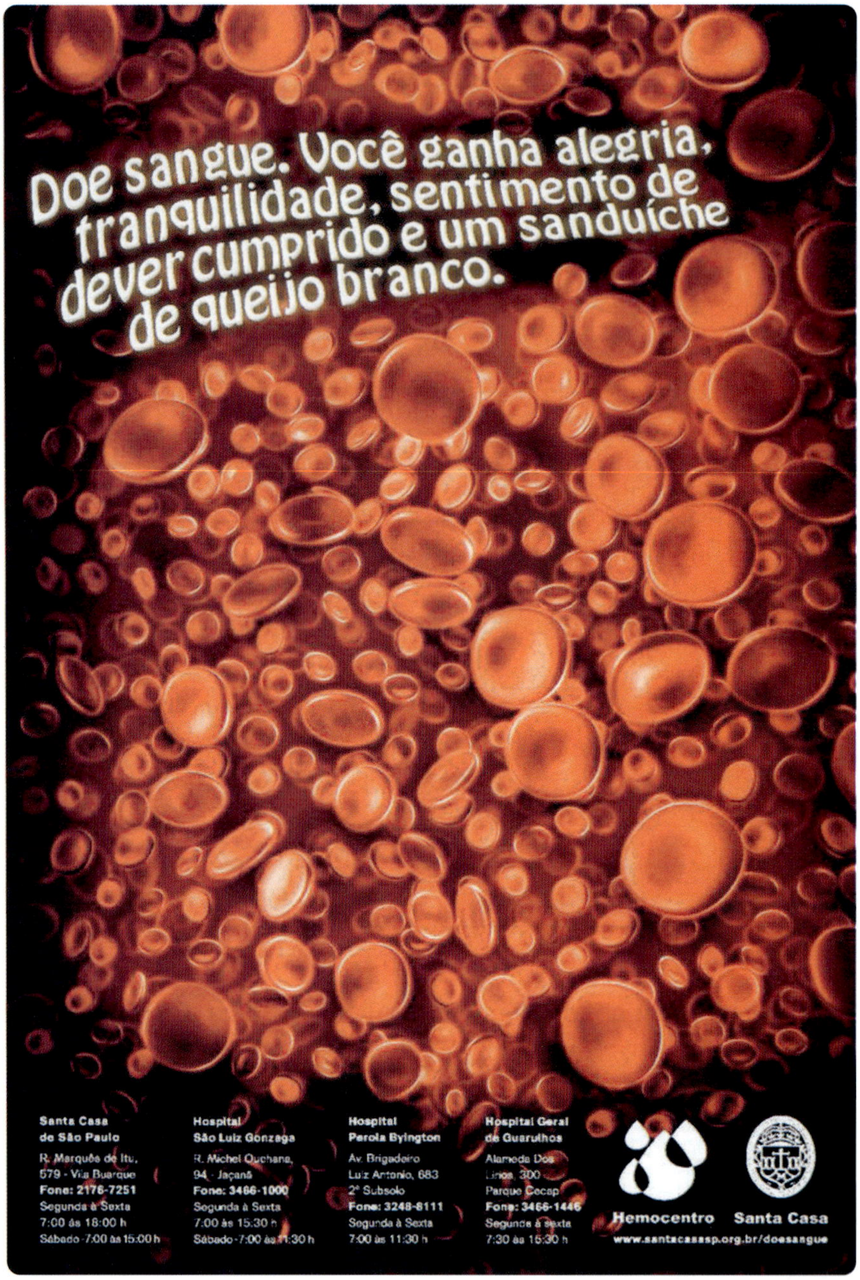

Carolina Markowicz/Arquivo da artista

(Disponível em: http://www.sotitulos.com.br/wp-content/uploads/2012/11/28562.jpg. Acesso em: 8/5/2023.)

4. Deduza:

a) Qual é a finalidade principal desse texto?

____

____

b) Quem o produziu e a quem ele se destina?

____

____

c) A que gênero ele pertence?

5. Você aprendeu que uma das funções da vírgula é separar termos que exercem a mesma função sintática.

a) Que termos estão separados por vírgula no enunciado principal desse texto?

b) Qual é a função sintática desses termos?

c) O último termo dessa frase também exerce a mesma função sintática, mas não está separado do penúltimo por vírgula. Explique por quê.

d) Troque ideias com os colegas e o professor e conclua: Por que é possível considerar que esse último termo confere efeito de humor ao texto em estudo?

A pontuação
NA CONSTRUÇÃO DO TEXTO

Leia o texto a seguir.

Reprodução/CMC

(Disponível em: https://www.pinterest.pt/pin/5488830774690925/. Acesso em: 9/5/2023.)

1. O texto faz uma homenagem.

a) Que homenagem é essa e a quem ela se destina?

____

b) Deduza: Quem é o responsável pela homenagem?

____

____

____

____

____

2. Releia o texto verbal escrito em letras maiores:

"Hoje elas são donas de casa"

a) Qual é o sentido da expressão "donas de casa" nesse trecho quando lido isoladamente?

b) Agora, leia a frase inteira do centro do anúncio e deduza: Que novo sentido essa expressão ganha no texto? Justifique sua resposta.

3. Observe a fonte e os sinais de pontuação utilizados na frase central do texto:

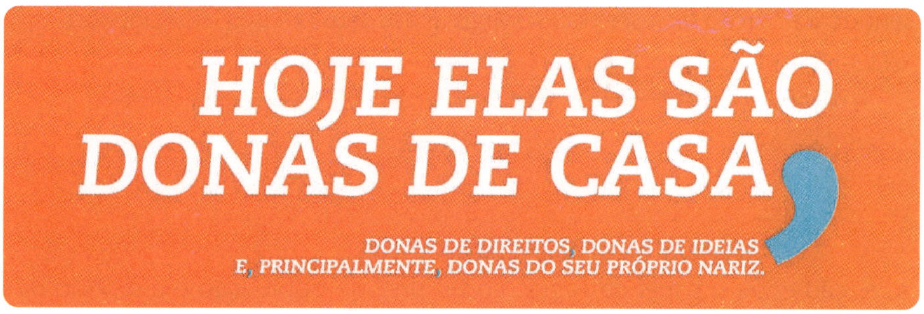

Reprodução/CMC

a) Deduza: Por que a primeira parte tem uma fonte em tamanho muito maior do que o restante da frase?

b) Levante hipóteses: Por que as vírgulas dessa frase foram escritas em cor diferente?

c) Considerando as regras que você aprendeu neste capítulo, justifique o emprego da vírgula em cada uma das ocorrências.

d) Identifique, nessa frase, uma expressão que foi usada em sentido figurado, isto é, com um sentido que vai além do significado mais comum das palavras que a compõem. Em seguida, explique o sentido dela no contexto.

4. Agora, releia este trecho da parte inferior do anúncio:

> "Acrescentando vírgulas aos seus direitos, as mulheres conquistam o seu espaço e ganham os nossos parabéns."

a) Qual é o sentido da oração "acrescentando vírgulas aos seus direitos" no contexto?

b) Explique a relação entre o papel da vírgula como sinal de pontuação e o sentido da oração que você identificou no item **a**.

c) Com base nas funções da vírgula que você aprendeu, troque ideias com os colegas e o professor e conclua: Por que há vírgula nessa frase?

SEMÂNTICA E DISCURSO

Você costuma prestar atenção na pontuação dos textos que escreve em meio digital, em redes sociais ou em mensagens trocadas no celular? Leia o texto a seguir e responda às questões 1 a 4.

A nova língua da Internet

[...]

Na língua escrita tradicional, os sinais de pontuação ajudam a estruturar o texto de modo a torná-lo mais compreensível. [...] Porém, a pontuação tem um papel totalmente distinto na linguagem online: serve para expressar emoções. [...]

fizkes/Shutterstock

Imagine que seu amigo escreva "legal...". Mas o que esse "legal..." significa? É sarcasmo? Uma tentativa de terminar logo a conversa? Ou "legal" no sentido direto da palavra?

Este desafio é minimizado pelo uso dos emoticons. Mas não é tão simples quanto parece. [...]

Claro que algumas pessoas também não gostam dos emoticons (para alguns eles são esquisitos ou simplesmente indignos de respeito) e é aqui que a boa e velha pontuação é colocada em destaque novamente. [...]

Pesquisadores acreditam que o uso das reticências nas comunicações intermediadas por tecnologia hoje é necessário para dois fins.

Primeiro, as reticências são utilizadas para imitar o ritmo de uma conversa ao vivo. Ao conversar pessoalmente, inserimos vários "és" e "hmms" no discurso. Por mais que possam ser consideradas inúteis, sem elas as conversas soariam artificiais [...]. Então, em comunicações intermediadas por tecnologia, as reticências permitem a inserção dessas pausas no discurso escrito, suavizando a conversa, tornando-a mais real — especialmente se você está discutindo um tópico sensível.

"Eu pensei que... você sabe... talvez... nós podíamos pegar um cinema qualquer dia desses?"

Outro papel das reticências é bem mais mundano. Experimente inserir reticências em qualquer pensamento caótico que possa ter passado pela sua cabeça, enquanto você escreve aqui e ali. Sem elas, sua frase é apenas uma mistura sem sentido de palavras, enquanto, com elas, se torna magicamente em pensamentos profundos cheios de sabedoria silenciosa.

As reticências são muito confortáveis. Você não precisa pensar no que você está dizendo, ou onde uma frase termina e a outra começa, ou em como estruturar a frase... É como um enxerto que você pode usar para juntar palavras que não funcionariam juntas. Essa abordagem, na verdade, é o que há mais de novo na tendência da linguística atual.

[...]

(Disponível em: https://www.kaspersky.com.br/blog/a-nova-lingua-da-internet/5737/. Acesso em: 3/5/2023.)

1. O autor do texto faz uma distinção entre a função da pontuação dos textos em geral e a pontuação nos textos que circulam *on-line*. Qual é essa distinção?

2. Coloque-se na situação sugerida pelo autor no segundo parágrafo.

a) Como você interpretaria a mensagem "Legal..."? Justifique sua resposta.

b) Levante hipóteses: Por que o autor sugere que a mensagem escrita dessa forma poderia indicar sarcasmo ou tentativa de terminar a conversa? Justifique sua resposta considerando a pontuação.

3. Segundo o autor, há pesquisas que indicam duas finalidades de uso das reticências na comunicação digital.

a) Quais são elas?

b) No trecho "Eu pensei que... você sabe... talvez... nós podíamos pegar um cinema qualquer dia desses?", qual é a finalidade das reticências?

c) Por que, no texto, o trecho analisado no item **b** está entre aspas?

d) Você usa reticências em suas conversas digitais? Com qual finalidade? Troque ideias com os colegas.

4. O autor do texto faz uso de reticências no último parágrafo. Discuta com os colegas e o professor: Esse uso equivale a algum dos dois usos mencionados por ele anteriormente?

5. Leia o parágrafo que segue.

> É fácil criar uma frase em que a ausência de pontuação subverte o sentido pretendido pelo escriba, com efeito cômico ou desastroso ou ambos. Brincando com as vírgulas numa mensagem como "Não te amo não vá embora", vemos que esses sinais, longe de serem supérfluos, podem fazer a diferença entre um coração feliz e um coração despedaçado — a diferença mais relevante do universo.
>
> (Disponível em: https://www1.folha.uol.com.br/colunas/sergio-rodrigues/2017/11/1933964-pontuacao-uma-virgula.shtml. Acesso em: 3/5/2023.)

Seguindo a teoria do autor e supondo que a pessoa que recebe a mensagem seja apaixonada por seu interlocutor, brinque com as vírgulas na mensagem citada, de acordo com os dois sentidos que ele sugere:

a) Para deixar feliz o coração de quem recebe a mensagem.

____

b) Para deixar despedaçado o coração de quem recebe a mensagem.

____

PARA ESCREVER COM expressividade

Ambiguidade

Leia as piadas a seguir:

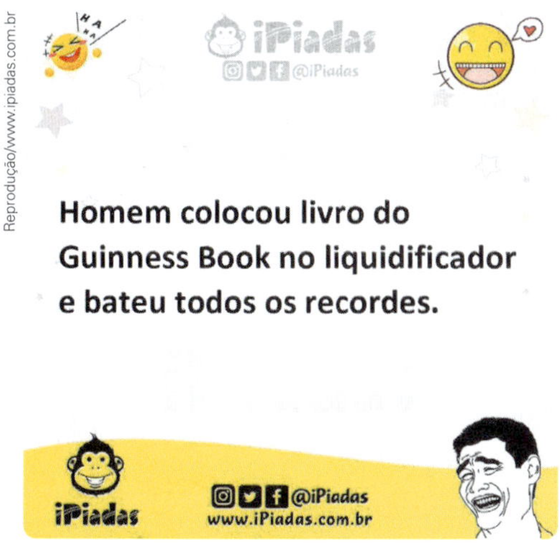

Reprodução/www.ipiadas.com.br

(Disponível em: https://www.ipiadas.com.br/frases/engracadas/homem-colocou-livro-do-guinness-book-no-liquidificador-e-bateu-todos-os-recordes. Acesso em: 3/5/2023.)

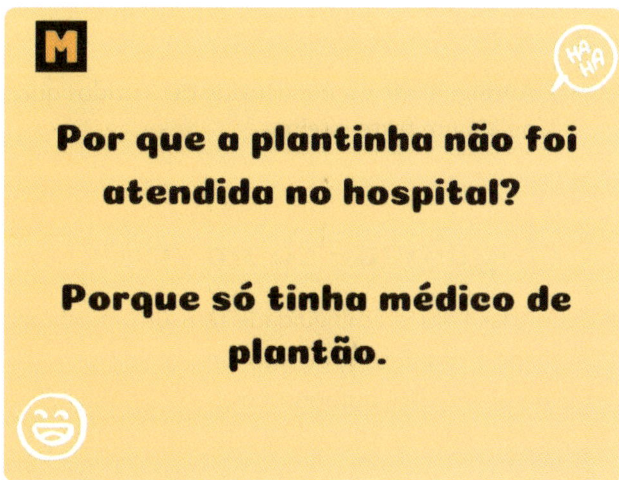

Reprodução/www.maioresemelhores.com

(Disponível em: https://www.maioresemelhores.com/melhores-piadas-curtas-para-morrer-de-rir/. Acesso em: 3/5/2023.)

1. O humor das duas piadas é construído com base tanto na ausência de racionalidade das situações narradas quanto na dupla possibilidade de leitura de algumas palavras e expressões. Troque ideias com os colegas e o professor e deduza:

a) Em cada uma das piadas, quais situações narradas são inusitadas?

____

____

____

____

b) Identifique, em cada piada, as expressões que podem ser compreendidas de formas diferentes.

c) Explique quais são as duas possibilidades de interpretação das expressões identificadas por você no item **b**.

Você pôde notar que o humor das piadas foi construído com base em possibilidades variadas de compreensão de algumas palavras e expressões. Quando uma palavra, frase ou texto apresentam duplicidade de sentidos, dizemos que eles são ambíguos.

Ambiguidade é a duplicidade de sentidos que pode haver em uma palavra, em uma frase ou em um texto inteiro.

A ambiguidade como recurso de construção

Nas piadas lidas, a ambiguidade tem um importante papel na construção do humor, elemento principal desse tipo de texto. Esse é, de fato, um recurso muito utilizado em textos variados, como quadrinhos, textos publicitários, literários e humorísticos.

A ambiguidade como problema na construção do texto

Em alguns casos, a ambiguidade pode gerar dúvida e mal-entendidos em relação ao sentido pretendido de um texto, tornando-se um problema para a clareza e a precisão de ideias. Observe esta frase:

Trouxe o remédio para sua mãe que estava no carro.

Não conseguimos saber, apenas pela leitura da frase e sem um contexto específico, se era o remédio que estava no carro ou se era a mãe do interlocutor que estava no carro.

Diferentemente da linguagem oral, que, além das palavras, conta com recursos como os gestos, a expressão corporal e a facial, a repetição, a entonação, etc. para ajudar a tornar preciso o sentido de um enunciado, a linguagem escrita dispõe para isso apenas das palavras. Portanto, se queremos clareza e precisão nos textos que produzimos, precisamos estar atentos para empregar as palavras adequadamente, evitando ambiguidades que não sejam intencionais.

Exercícios

Leia a seguir dois cartazes de documentários brasileiros para responder às questões 1 a 3.

Direção: Evaldo Mocarze/Niteroi Filmes

(Disponível em: https://tvbrasil.ebc.com.br/programadecinema/episodio/do-luto-a-luta-1. Acesso em: 9/5/2023.)

Reprodução/Movimento Viva Vitão/Like Filmes

(Disponível em: https://www.adorocinema.com/filmes/filme-211936/. Acesso em: 9/5/2023.)

1. Considerando as informações presentes nos cartazes, levante hipóteses:

a) Qual é o assunto tratado em cada documentário?

____

b) Qual é o sentido da palavra **luta** em cada um deles?

____

2. Um dos títulos contém uma ambiguidade.

a) Identifique-o e explique a ambiguidade.

____

____

b) Troque ideias com os colegas e o professor e comente de que forma essa ambiguidade contribui para a construção do título do filme.

____

____

3. A palavra identificada por você na questão 2 também está no título do outro filme? Em caso afirmativo, indique qual o sentido dela nesse outro contexto.

____

____

4. Leia a tira a seguir:

(Disponível em: https://tirasarmandinho.tumblr.com. Acesso em: 17/10/2019.)

a) O humor da tira é construído com base em uma ambiguidade. Qual é ela?

____

____

____

b) Por que a interpretação do homem que questiona Armandinho é possível no contexto da tirinha?

____

____

____

5. A seguir, há três manchetes que apresentam ambiguidades. Leia-as.

Anac e ministérios vão debater prevenção ao racismo em empresas aéreas

(Disponível em: https://www1.folha.uol.com.br/mercado/2023/05/anac-e-ministerios-vao-debater-prevencao-ao-racismo-em-empresas-aereas.shtml. Acesso em: 9/5/2023.)

Viúvo de mulher com síndrome rara usa Twitter para escrever cartas a ela

(Disponível em: https://www1.folha.uol.com.br/blogs/hashtag/2023/03/viuvo-de-mulher-com-sindrome-rara-usa-twitter-para-escrever-cartas-a-ela.shtml. Acesso em: 9/5/2023.)

Fifa quer "ofertas justas" e ameaça vetar transmissão da Copa do Mundo Feminina na Europa

(Disponível em: https://www.estadao.com.br/esportes/futebol/fifa-quer-ofertas-justas-e-ameaca-vetar-transmissao-da-copa-do-mundo-feminina-na-europa/. Acesso em: 9/5/2023.)

a) Explique o duplo sentido de cada caso.

b) Troque ideias com os colegas e o professor e responda oralmente: É possível, lendo apenas as manchetes, deduzir os sentidos que devem prevalecer na leitura?

c) Dê uma nova redação a cada manchete de modo a evitar a ambiguidade.

DIVIRTA-SE

Quantos animais você consegue encontrar na imagem a seguir?

Reprodução/Daily Mail

Quinze animais.

(Disponível em: https://www.amomeupet.org/noticias/3484/ha-15-animais-escondidos-neste-elefante-quantos-voce-consegue-achar. Acesso em: 9/5/2023.)

CAPÍTULO 8

Figuras de linguagem

Construindo o conceito

Leia esta tira:

(*Armandinho nove*. Florianópolis: A. C. Beck, 2016. p. 90.)

1. Armandinho está conversando com dois garotos. Segundo eles, os pais deles não conseguiam ter filhos, e a tia de Armandinho (tia Ruth, que é uma médica diferente, "alternativa") ajudou o casal. Com base no 1º quadrinho, que tipo de "solução" se imagina que tenha sido encontrada por tia Ruth?

2. Observe, no 2º quadrinho, que a frase de Armandinho está incompleta e a palavra **avanços** aparece entre aspas. Releia o 3º quadrinho, observe a expressão facial de Armandinho e responda:

a) Quando Armandinho menciona os "avanços" da medicina, o que se imagina que sejam esses avanços?

b) Considerando a resposta do garoto no 3º quadrinho, que outros sentidos pode ter a palavra **avanços**?

3. Para construir humor, o cartunista Alexandre Beck faz uso de uma figura de linguagem chamada **ironia**, que consiste em dizer o contrário do que se quer dar a entender.

a) Qual é a palavra ou expressão que sinaliza a ironia na tira?

____

____

b) O que essa palavra ou expressão dá a entender no contexto?

____

____

____

____

Conceituando

Figuras de linguagem

Você já conheceu, no 6º ano, algumas figuras de linguagem.

Figuras de linguagem são recursos linguísticos utilizados na construção de textos com a finalidade de torná-los mais expressivos, isto é, de trabalhar seu estilo por meio do uso de alguns termos e estruturas, em geral com sentidos e formas diferentes do que se vê habitualmente.

Neste capítulo, além da **ironia**, que você viu no estudo acima, existem várias outras figuras de linguagem que convém conhecer. Conheça a seguir mais algumas.

Ironia

Você viu que, na tira estudada, a palavra **avanços** da expressão "os 'avanços' da medicina" foi empregada entre aspas, relativizando seu sentido e, no contexto, atribuindo a ela um sentido diferente, ou seja, o sentido de fracasso da medicina ou de um caminho alternativo à medicina tradicional. Por isso, o procedimento adotado pelo cartunista foi irônico.

Ironia é a figura que consiste em afirmar o contrário do que se quer dizer.

Também existe ironia, por exemplo, quando a mãe diz ao filho preguiçoso, que nunca ajuda em casa: "Filho, hoje você vai, como sempre, ajudar a lavar a louça do almoço, não vai?".

Elipse

Ocorre quando há omissão, espontânea ou voluntária, de termos que se podem subentender facilmente pelo contexto.

Observe este anúncio:

(Disponível em: http://g9arte.blogspot.com/2010/06/anuncio-meio-ambiente-unimed.html. Acesso em: 3/5/2023.)

Denotação, conotação e as figuras de linguagem

Quando as palavras de um texto apresentam um sentido comum, de dicionário, mais direto e objetivo, dizemos que sua linguagem é **denotativa**. É o que ocorre com frequência em textos noticiosos e de divulgação científica.

Quando, entretanto, a linguagem de um texto apresenta sentido figurado, mais subjetivo, como ocorre em textos literários e em alguns textos publicitários, dizemos que sua linguagem é **conotativa**.

De modo geral, os textos conotativos fazem uso de figuras de linguagem, que sustentam a figuração de linguagem.

Nestes versos de Robert Louis Stevenson, por exemplo, há o emprego de elipses e metáforas:

> "Minha cama é um veleiro;
> nela me sinto seguro;
> com minha roupa de marinheiro,
> vou navegando no escuro."

No anúncio, a omissão do sujeito **você** das formas verbais **evite** e **preserve** é facilmente percebida pelo leitor, uma vez que elas estão na 3ª pessoa do singular do imperativo afirmativo: evite (você), preserve (você). Além disso, o pronome **você** está explicitado na oração "em que você vive" e, portanto, não há necessidade de repeti-lo, pois, se ele aparecesse junto de todas as formas verbais, o texto ficaria redundante e desagradável.

Zeugma

É a omissão de um termo expresso anteriormente em outra oração. No anúncio apresentado acima, lê-se: "A Unimed está fazendo a parte dela. Faça você também a sua". Na segunda frase, foi omitida a palavra **parte** — "Faça você também a sua (parte)" —, constituindo zeugma. Assim, o zeugma evita a repetição desnecessária e torna a frase mais direta e elegante.

Polissíndeto

É o uso repetido de uma mesma conjunção (síndeto = conjunção). Veja, a seguir, o modo como Machado de Assis descreve os movimentos e sons feitos por uma mosca em seu poema "Mosca azul":

"**E** zumbia, **e** voava, **e** voava **e** zumbia"

Esse recurso geralmente confere ritmo ao texto e, no caso do exemplo, confere maior ênfase às ações da mosca.

Assíndeto

Ocorre quando há omissão da conjunção entre termos ou orações. Observe:

"Entraram em casa, as armas na mão, os olhos atentos, procurando."

(Jorge Amado)

Nessa frase, se não houvesse a omissão intencional da conjunção **e**, teríamos: "Entraram em casa, (com) as armas na mão e os olhos atentos, procurando". A frase se tornaria comum e perderia sua beleza, bem como o impacto gerado pelo ritmo e pela sequência de imagens.

Pleonasmo

É a repetição, por meio do uso de palavras diferentes, de uma ideia já apresentada.

"O conde atirava à mísera cantora alguns soldos que ainda **lhe** reforçavam **a ela** as cordas vocais"

(Júlio Ribeiro)

Na frase, o pronome **lhe** e a expressão "a ela", referindo-se às cordas vocais da cantora, constituem pleonasmo. Nesse caso, considera-se um uso estilístico do pleonasmo, admitido pela gramática normativa, assim como expressões do tipo "ver com os próprios olhos" e "pegar com as próprias mãos", nas quais há claramente a intenção de enfatizar a veracidade da ação.

Embora qualquer expressão que explore o pleonasmo contenha em si a ideia de ênfase, de reforço do que é dito, a gramática normativa considera que haja um conjunto de expressões pleonásticas indevidas, por entender que nesses casos a redundância seria desnecessária. Veja algumas delas: "entrar pra dentro", "sair pra fora", "descer pra baixo", "repetir de novo", "elo de ligação", "ganhar grátis", "infarto do coração", etc.

Silepse

É a concordância que se faz não com a forma gramatical das palavras, mas com seu sentido, ou seja, com a ideia que elas expressam. Leia este texto:

"Os brasileiros somos assim". Este é, segundo João Candido Portinari, a mensagem da obra de seu pai, o pintor Candido Portinari, ao povo brasileiro. Segundo ele, o recado nunca chegou de fato ao destinatário planejado, já que 95% das obras do paulista estão em coleções privadas.

(Disponível em: https://www1.folha.uol.com.br/ilustrada/1233942-portinari-ganha-portal-reformulado-na-internet.shtml. Acesso em: 3/5/2023.)

Bruno Poletti/Folhapress

Professor José Cândido Portinari, filho do pintor Cândido Portinari, em São Paulo (2014).

Observe que, na frase dita por Portinari — "Os brasileiros somos assim" —, o sujeito da oração é **Os brasileiros**. Logo, espera-se que o verbo seja conjugado na 3ª pessoa do plural (**são**), concordando com o sujeito.

No entanto, ao dizer a frase, o pintor se incluiu entre os brasileiros (eles + eu = nós), levando assim o verbo para a 1ª pessoa do plural (**somos**).

A essa concordância ideológica chamamos **silepse**.

Há três tipos de silepse:

- **silepse de pessoa:** ocorre quando o locutor se inclui em um sujeito expresso na 3ª pessoa, conforme você viu no exemplo da fala de Candido Portinari:

"**Os brasileiros somos** assim."

- **silepse de número:** ocorre principalmente com termos coletivos:

A **multidão** ouviu o discurso do político e **aplaudiram** no final.

Observe que o substantivo **multidão** é coletivo e, portanto, o verbo **aplaudir** deveria estar na 3ª pessoa do singular (a multidão **aplaudiu**). Entretanto, nesse caso, por estar distanciado do sujeito, o verbo **aplaudir** pode ficar também na 3ª pessoa do plural, concordando com a ideia expressa por **multidão** (muitas pessoas).

- **silepse de gênero:** ocorre principalmente com as expressões de tratamento, como **Sua/Vossa Majestade**, **Sua/Vossa Excelência**, **Sua/Vossa Senhoria**, que têm forma gramatical feminina mesmo quando aplicadas a pessoas do sexo masculino:

Sua Majestade, o bebê, é sempre **tratado** com muito carinho.

Observe que o adjetivo **tratado** está no masculino, concordando com a ideia de masculino referente a **bebê**, embora **Sua Majestade** seja uma forma feminina.

Paradoxo

O **paradoxo**, também conhecido como **oxímoro**, é uma figura de linguagem que une conceitos opostos em um mesmo enunciado.

Sonetilho do falso Fernando Pessoa

Onde nasci, morri.
Onde morri, existo.
E das peles que visto
Muitas há que não vi.
[...]

(Carlos Drummond de Andrade. *Reunião*. 10. ed. Rio de Janeiro: José Olympio, 1980. p. 167.)

Biry Sarkis/Acervo da editora

Como se nota, há nesses versos de Drummond ideias que se excluem, pois é ilógico que alguém tenha morrido e ainda exista e vista peles sem que as veja.

Também há paradoxo nestes versos de Luís de Camões:

Amor é fogo que arde sem se ver;
É ferida que dói e não se sente;
É um contentamento descontente;
É dor que desatina sem doer;

(*Lírica*. São Paulo: Cultrix, 1976. p. 123.)

A **antítese**, que você já conhece, difere do paradoxo por ser apenas uma aproximação de ideias opostas, e não uma fusão delas. É o caso, por exemplo, destes versos de Castro Alves, em que se descreve a condição dos negros africanos antes e depois de serem escravizados.

Ontem plena liberdade,
A vontade por poder...
Hoje... cúm'lo de maldade,
Nem são livres p'ra morrer.

("O navio negreiro". Disponível em: http://www.dominiopublico.gov.br/download/texto/bv000068.pdf. Acesso em: 3/5/2023.)

Exercícios

Estes exercícios reúnem as figuras de linguagem que você aprendeu neste capítulo e outras que viu em anos anteriores. Se necessário, consulte o boxe **Lembre-se**, abaixo.

1. Identifique as figuras de linguagem existentes nos versos a seguir, de Drummond de Andrade:

a)

Meus olhos espiam
As pernas que passam.

("Moça e soldado". *In*: *Reunião*. 10. ed. Rio de Janeiro: José Olympio, 1980. p. 21.)

b)

O poeta ia bêbado no bonde.
O dia nascia atrás dos quintais.
As pensões alegres dormiam
[tristíssimas.
As casas também iam bêbedas.
[...]

("Aurora". Idem, p. 30.)

Lembre-se

- **Comparação:** é a aproximação de dois elementos, por suas características. Ex.: Dinheiro na mão é como vendaval.
- **Metáfora:** emprego de uma palavra em lugar de outra. Ex.: "Dinheiro na mão é vendaval". (Paulinho da Viola)
- **Metonímia:** emprego de uma palavra em lugar de outra, quando entre elas há uma relação de familiaridade, de contiguidade. Ex.: Eu adoro ler Fernando Pessoa (ler os textos de Fernando Pessoa).
- **Aliteração:** é a repetição de um fonema consonantal. Ex.: "**P**edro **p**edreiro **p**enseiro es**p**erando o trem". (Chico Buarque)
- **Assonância:** é a repetição de um mesmo fonema vocálico. Ex.: "**A** moç**a** ch**a**m**a**v**a** Cl**a**r**a** / **Á**gu**a** / **A**lm**a** / L**a**v**a** / **A**lv**a** c**a**mbr**a**i**a** no sol". (Caetano Veloso)
- **Eufemismo:** é o emprego de palavra mais suave em lugar de outra, considerada desagradável. Ex.: Quando **chegar minha hora**, irei tranquilo. (quando morrer)
- **Inversão ou hipérbato:** inversão da ordem sintática clássica: sujeito + verbo + objetos + adjunto adverbial. Ex.: "De tudo ao meu amor serei atento / Antes" (Vinicius de Moraes) (Antes de tudo, serei atento ao meu amor).
- **Antítese:** é a presença de ideias opostas, lado a lado. Ex.: Fez do amigo próximo o mais distante.
- **Personificação:** ocorre quando se atribuem características humanas ou animadas a seres inanimados ou irracionais. Ex.: O vento **gemia** na madrugada.
- **Hipérbole:** é a expressão de uma ideia com exagero, a fim de enfatizá-la. Ex.: Já lhe falei **um milhão de vezes**!

c)

Não, meu coração não é maior que o mundo.
É muito menor.
Nele não cabem nem as minhas dores.
Por isso gosto tanto de me contar.
Por isso me dispo,
por isso me grito,
por isso frequento os jornais, me exponho cruamente nas livrarias:
preciso de todos.
[...]

("Mundo grande". Idem, p. 60.)

2. Leia esta história em quadrinhos.

Will Leite/Acervo do cartunista

(Disponível em: http://www.willtirando.com.br/o-amor-nos-primordios-da-internet/. Acesso em: 22/5/2023.)

Troque ideias com os colegas e o professor, e depois, responda:

a) Que elementos verbais e não verbais da história em quadrinhos justificam o emprego da palavra **primórdios** no título?

____

____

____

b) Identifique qual dos quadrinhos contém uma ironia por parte de um dos personagens e explique essa ironia no contexto.

____

____

____

c) É possível considerar que a história em quadrinhos como um todo também é irônica? Justifique sua resposta.

____

____

____

Leia o texto a seguir e o boxe "Lembre-se", na página 174, para responder às questões 3 a 5.

Reprodução/Ministério Público MA

(Disponível em: https://www.mpma.mp.br/mpma-cria-campanha-para-alertar-sociedade-sobre-ofensas-em-redes-sociais/. Acesso em: 22/5/2023.)

3. O texto contém um ditado popular.

a) Identifique-o.

b) Considerando o sentido usual desse ditado, explique por que é possível considerar que ele é constituído de metáforas.

4. Observe as imagens que compõem o texto, troque ideias com os colegas e o professor e responda:

a) Que relação há entre as imagens e a frase central em destaque, analisada por você na questão 3? Essas imagens podem ser consideradas, no contexto, uma metáfora visual? Justifique sua resposta.

b) Explique em que sentido essas imagens também podem ser consideradas metonímias visuais.

5. Agora, releia o texto verbal à direita das imagens.

a) Deduza: Nesse trecho, que forma verbal está em elipse?

b) Esse texto é formado por três frases sem nenhuma conjunção que as interligue. Qual figura de linguagem corresponde a esse recurso linguístico?

c) Reescreva esse texto inserindo a forma verbal em elipse e as conjunções adequadas, considerando as relações de sentido entre as frases.

d) Compare o texto original à reescrita feita por você no item **c** e conclua: Que efeito de sentido essas escolhas constroem na versão original?

6. Leia estes versos de Luís de Camões:

[...]

Vendo o triste pastor que com enganos
    Lhe fora assim negada a sua pastora,
    Como se a não tivera merecida,

Começa de servir outros sete anos,
    Dizendo: — Mais servira, se não fora
    Para tão longo amor tão curta a vida!

(*Lírica*, cit., p. 108.)

Christie's Images/Bridgeman Images/ Fotoarena

a) Que figura de linguagem se verifica no último verso? Justifique sua resposta.

b) Nesses versos, é bastante evidente a **inversão**. Qual seria a ordem natural desses versos, ou seja, sujeito + verbo + objetos + adjuntos?

7. Identifique as figuras de linguagem das frases a seguir. Atenção: Há frases em que ocorrem duas figuras.

a) "És bela — eu moço; tens amor — eu medo!" (Casimiro de Abreu)

____

b) "Trabalha, e teima, e lima, e sofre, e sua." (Olavo Bilac)

____

c) Aquela garota, eu a conheci ontem na festa de um amigo.

____

d) Senhor prefeito, os abaixo assinados pedimos a Vossa Senhoria que seja justo na cobrança dos impostos prediais da Vila dos Operários.

____

As figuras de linguagem NA CONSTRUÇÃO DO TEXTO

Leia este poema, de Mário Quintana:

Três amores

Três amores... Quem me deu
Tão estranha sorte assim?
Três amores, tenho-os eu
E nenhum me tem a mim!

(*Preparativos de viagem*. Rio de Janeiro: Objetiva. © by Elena Quintana.)

Filipe Rocha/Arquivo da editora

1. Observe o emprego do verbo **ter** no 3º e no 4º versos do poema.

a) Qual é a predicação desse verbo nas duas situações?

____

b) Identifique e classifique os complementos do verbo em cada uma das situações.

____

____

____

c) Que figura de linguagem o emprego desses objetos constitui? Por quê?

2. Compare estas orações:

- "Três amores, tenho-os eu"
- Eu tenho três amores

Na primeira oração, o objeto está anteposto ao verbo. Que efeito de sentido essa posição do objeto e a presença do pleonasmo produzem? Justifique sua resposta.

3. Observe a posição do sujeito, do verbo e dos objetos nas orações constituídas por estes versos:

"Três amores, tenho-os eu
E nenhum me tem a mim!"

a) Qual é o sujeito da primeira oração?

b) Qual é o sujeito da segunda oração?

c) Nesses versos, que figura de linguagem a disposição sintática dos termos de cada oração constitui?

4. O poema trata da situação amorosa do eu lírico, que tem a estranha sorte de ter três amores. Troque ideias com os colegas:

a) Entre o eu lírico e seus três amores, existe reciprocidade no amor?

b) Em sua opinião, quem ama quem: O eu lírico ama três pessoas ou é amado por elas?

5. O sentido dos textos geralmente é construído não apenas pela seleção de ideias e palavras mas também pela **forma** como essas palavras e ideias são dispostas no texto. Entre os itens que seguem, assinale aqueles que expressam afirmações verdadeiras quanto à relação entre a forma e o conteúdo do poema.

a) Entre o eu lírico e seus três amores não há sintonia amorosa, o que corresponde, no plano sintático, ao pleonasmo, que introduz a noção de intensos sentimentos não correspondidos.

b) O próprio eu lírico se surpreende com o fato de ter três amores e, apesar disso, não haver correspondência amorosa. O emprego de pleonasmos intensifica o estranhamento do eu lírico diante da impossibilidade amorosa.

c) Da mesma forma que as inversões representam uma quebra na estrutura sintática normal da oração, no plano da vida a falta de sintonia amorosa entre o eu lírico e seus amores também representa uma quebra da expectativa amorosa.

SEMÂNTICA E DISCURSO

Leia este anúncio:

Reprodução/Taterka

(*Azul Magazine*, jun. 2015.)

1. O anúncio integra uma campanha.

a) Qual é o objetivo da campanha?

____

____

b) A quem ela se destina?

____

c) Observe a parte inferior do anúncio e responda: Quem são os responsáveis pela campanha?

____

____

2. Observe a imagem que está no centro do anúncio e a relacione ao texto verbal que a acompanha.

a) Como a imagem é formada?

____

____

b) Que relação existe entre essa imagem e as frases que estão ao lado dela?

____

____

c) Que figura de linguagem existe na relação entre cada parte dessa figura e o que ela significa? Justifique sua resposta.

____

____

3. Todo o texto é construído com base em uma figura de linguagem.

a) Qual é essa figura?

____

b) De que modo ela ocorre na parte visual do anúncio?

____

____

c) E de que modo ela ocorre na parte verbal?

____

____

4. Os provérbios são geralmente frases curtas, quase sempre de origem popular, que expressam ensinamentos. Por terem forma sucinta, há neles, muitas vezes, termos subentendidos, isto é, elipses ou zeugmas.

Fazendo as adaptações necessárias, reescreva os provérbios a seguir, explicitando os termos subentendidos. Veja o exemplo:

- A bom entendedor, poucas palavras.
- Para um bom entendedor, bastam poucas palavras.

a) Língua afiada, ferida na boca.

____

b) Depois da tempestade, a bonança.

____

c) Dia de muito, véspera de pouco.

____

d) Rebanho unido, leão com fome.

____

____

e) Barriga cheia, coração contente.

____

____

5. As frases a seguir apresentam **pleonasmo**. Reescreva-as a fim de eliminar a redundância e tornar as frases mais enxutas.

a) Ela previa de antemão muitos acontecimentos.

____

b) Mateus tem uma bela caligrafia.

____

c) Esta noite sonhei um sonho muito esquisito.

____

d) Desculpe-me, foi um esquecimento involuntário.

____

e) Decapitaram-lhe a cabeça.

____

f) No dia da festa, não apareceu ninguém.

____

6. Discuta com os colegas e o professor e conclua: Qual é a diferença entre os efeitos de sentido produzidos pelas frases com pleonasmo e pelas frases construídas por você na questão anterior?

DE OLHO NA escrita

MAS ou MAIS?

Leia este texto:

https://super.abril.com.br/blog/oraculo/e-verdade-que-o-suco-de-laranja-perde-a-vitamina-c-assim-que-e-espremido/

É verdade que o suco de laranja perde a vitamina C assim que é espremido?

Por Rafael Battaglia

Perder, até perde. Mas demora — pode tomar em paz.

Assim que tiramos a casca da laranja, as vitaminas começam a oxidar em contato com o ar e com os raios ultravioleta. Um experimento da Embrapa (Empresa Brasileira de Pesquisa Agropecuária) quantificou o quanto se perde na hora de tomar um suquinho. Para isso, eles usaram uma amostra de 100 gramas de suco de laranja, contendo 33 miligramas de vitamina C, e a deixaram em temperatura ambiente.

stock_IT/Shutterstock

Duas horas depois, a concentração de vitamina tinha caído para 28 miligramas. Mais duas horas e a quantidade caiu para 25 mg. Em resumo: depois de quatro horas, o suco perdeu 24% da sua vitamina C.

Mas existem algumas formas para burlar essa perda. A recomendação da nutricionista Bruna Gardim é conservar a sua bebida em uma jarra vedada (evitando maior contato com o oxigênio) e que não seja transparente (diminuindo a incidência da luz solar).

[...]

A vitamina C é um importante oxidante para o nosso corpo: combate os chamados radicais livres e, com isso, previne o envelhecimento precoce. Também ajuda a fortalecer a imunidade, a formação de colágeno e na absorção do ferro vindo de fontes vegetais. Quanto mais ácido for o seu suco, mais vitamina C ele terá: açúcar e leite, por exemplo, alteram essa quantidade.

(Disponível em: https://super.abril.com.br/blog/oraculo/e-verdade-que-o-suco-de-laranja-perde-a-vitamina-c-assim-que-e-espremido/. Acesso em: 3/5/2023.)

1. O texto é um trecho de um artigo jornalístico de divulgação científica.

a) Que fenômeno o texto explica?

____

____

____

b) Qual experimento serviu de base para a explicação dada?

____

____

____

____

2. A palavra **mais** foi empregada no texto três vezes. Copie o(s) trecho(s) em que ela dá ideia de:

a) intensidade

____

____

b) quantidade

____

____

3. Observe o emprego da palavra **mas** no primeiro parágrafo do texto.

a) Essa palavra coloca em oposição duas ideias do texto. Quais são elas?

____

____

____

____

b) Qual das palavras a seguir poderia substituir **mas**, mantendo o sentido de oposição?

- [ ] e
- [ ] portanto
- [ ] contudo
- [ ] como

4. O quarto parágrafo do texto é iniciado pela palavra **mas**. Releia o trecho e explique: Que relação essa palavra estabelece entre esse parágrafo e o anterior? E quais ideias são colocadas em relação nesse trecho?

____

____

____

Veja como diferenciar as palavras **mas** e **mais** ao empregá-las:

A palavra **mas** estabelece uma ideia de oposição ao que foi expresso antes. Pode ser substituída por outras, como **porém**, **todavia**, **contudo**, **entretanto**, que têm o mesmo sentido. Veja:

> **Porém**, existem algumas formas para burlar essa perda.

A palavra **mais** dá ideia de intensidade ou quantidade; é o oposto de **menos**. Observe:

> Ficar em casa, nas férias, para mim é **mais (menos)** importante do que viajar.

Exercícios

1. Leia o texto a seguir e complete-o com **mas** ou **mais**.

Como surgiu o hábito de bater palmas?

Não dá para cravar exatamente o momento de criação da ideia de aplauso. __________ se sabe que os primeiros registros vêm de longa data. Por exemplo, na Roma Antiga, quando aconteciam as batalhas entre gladiadores no Coliseu sabe-se que os aplausos já aconteciam. E o __________ interessante é que eles não aconteciam só como uma forma de satisfação diante de um espetáculo da violência, __________ como um jeito de instigar a luta, porque o barulho das palmas se confundia com a função dos corpos se digladiando. [...]

[...]

AnyaPL/Shutterstock

[...] E, atualmente, o aplauso acontece como uma convenção social, um certo acordo, uma manifestação geralmente coletiva diante de uma exibição que pode ser artística, como uma peça de dança, ou política, como um comício. Ou seja, a gente aplaude ao final de uma palestra, __________ o importante é que as palmas sempre representam que o indivíduo faz parte de um grupo. Pesquisas, inclusive, indicam que o aplauso significa muito __________ a indicação de ser membro de um determinado grupo social, do que a satisfação específica ou admiração diante de algo que se vê, ou que se observa.

[...]

Resposta da Fernanda Perniciotti, doutora em Comunicação e Semiótica e crítica de dança da Folha de S.Paulo. (Disponível em: https://www.guiadoscuriosos.com.br/gestos/como-surgiu-o-habito-de-bater-palmas/. Acesso em: 8/5/2023.)

2. Observe o título de uma avaliação de internet sobre um parque de campismo:

> Um excelente parque, ☐☐ caro que os outros
>
> (Disponível em: https://www.tripadvisor.com.br/ShowUserReviews-g1190866-d4220499-r307067162-Parque_de_Campismo_Sao_Miguel-Odemira_Beja_District_Alentejo.html. Acesso em: 09/6/2023.)

a) Propositalmente, foram suprimidas as palavras **mas** e **mais** do enunciado. Reescreva-o, empregando-as adequadamente.

____

b) Você aprendeu que a palavra **mas** estabelece oposição entre duas ideias. Troque ideias com os colegas e o professor e levante hipóteses: Qual é a oposição contida nessa avaliação? Quais palavras representam essa oposição feita na avaliação?

____

____

____

____

3. Complete as lacunas com **mas** ou **mais**, de acordo com o contexto:

a) Tudo é possível, __________ é preciso colaborar.

b) Nada __________ me interessa, depois que ela partiu.

c) Quanto é 25 __________ 39?

d) Quanto __________ eu o aconselho a não fazer mais isso, __________ você faz!

e) Gosto de filmes; __________, __________ do que eles, interessam-me os livros.

f) Já fiz tudo por ele, __________ nada __________ será feito.

4. Escreva um bilhete a um(a) amigo(a) comunicando que não poderá comparecer à festa de aniversário dele(a). Empregue, no texto, **mas** e **mais**. Depois, leia o bilhete para os colegas para que seja avaliado.

DIVIRTA-SE

O paradoxo na arte: as construções impossíveis de Escher

Observe atentamente a imagem do artista holandês Maurits Cornelis Escher. Você consegue determinar qual mão desenha e qual é desenhada?

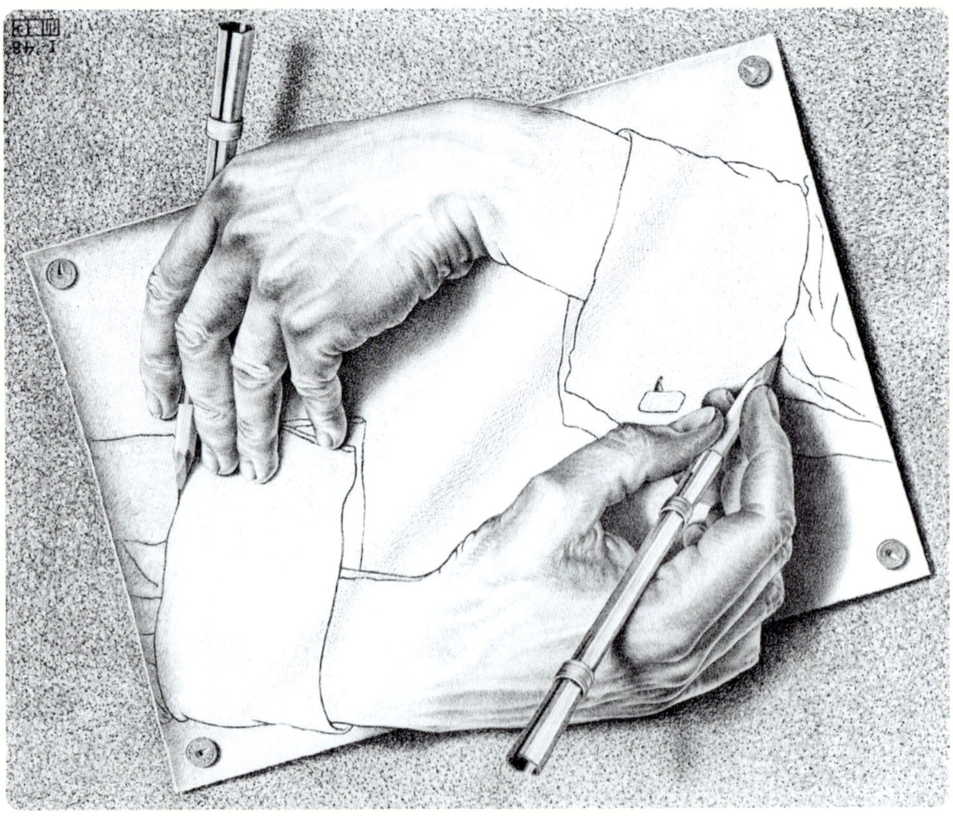

M.C. Escher's "Desenhando-se", de M.C. Escher (1948) © 2023 The M.C. Escher Company - The Netherlands. All rights reserved. www.mcescher.com

·CAPÍTULO·
9

A conjunção (I)

Construindo o conceito

Leia, a seguir, parte de um texto do escritor Rubem Braga:

Meu caro Vinicius de Moraes:

Escrevo-lhe aqui de Ipanema para lhe dar uma notícia grave: A Primavera chegou. Você partiu antes. É a primeira Primavera, de 1913 para cá, sem a sua participação. Seu nome virou placa de rua [...]. O mar anda virado; houve uma **lestada** muito forte, depois veio um sudoeste com chuva e frio. E daqui de minha casa vejo uma **vaga** de espuma galgar o costão sul da ilha das Palmas. São violências primaveris.

Célio JR/Estadão Conteúdo/AE

Rubem Braga, jornalista, escritor e contista, São Paulo (1988).

O sinal mais humilde da chegada da Primavera, vi aqui junto de minha varanda. Um tico-tico com uma folhinha seca de capim no bico. Ele está fazendo ninho numa touceira de samambaia, debaixo da pitangueira. Pouco depois vi que se aproximava, muito matreiro, um pássaro-preto, desses que chamam de **chopim**. Não trazia nada no bico; vinha apenas fiscalizar, saber se o outro já havia arrumado o ninho para ele pôr seus ovos.

Isto é uma história tão antiga que parece que só podia acontecer lá no fundo da roça, talvez no tempo do Império. Pois está acontecendo aqui em Ipanema, em minha casa, poeta. Acontecendo como a Primavera. Estive em Blumenau, onde há moitas de azaleias e manacás em flor [...]. Agora vou ao Maranhão, reino de Ferreira Gullar, cuja poesia você tanto amava, e que fez 50 anos. O tempo vai passando, poeta. Chega a Primavera nesta Ipanema, toda cheia de sua música e de seus versos. Eu ainda vou ficando um pouco por aqui — a vigiar, em seu nome, as ondas, os tico-ticos e as moças em flor. Adeus.

(Disponível em: https://cronicabrasileira.org.br/cronicas/12903/recado-de-primavera. Acesso em: 5/5/2023.)

lestada: vento forte e persistente que sopra do leste.
vaga: onda de grande porte.
chopim: pássaro conhecido por botar seus ovos em ninhos feitos por pássaros de outras espécies.

1. O texto foi escrito por Rubem Braga e publicado em uma revista pouco mais de dois meses depois da morte de Vinicius de Moraes.

a) Que gênero Rubem Braga escolheu para escrever o texto dele? Justifique sua resposta com elementos do texto.

____

____

____

b) Sobre quais assuntos Rubem Braga fala em seu texto?

____

____

____

c) Com base em suas respostas anteriores, troque ideias com os colegas e o professor e responda: Qual efeito de sentido é construído no texto por tais escolhas?

____

____

____

____

2. Releia o primeiro parágrafo do texto.

a) Pela leitura da primeira frase, qual parece ser a "notícia grave" a que se refere o autor? Justifique sua resposta.

____

____

____

b) Considerando as frases que se seguem, conclua: Qual é, de fato, a "notícia grave", da perspectiva do autor?

____

____

3. Observe e compare o emprego da palavra **e** nos trechos a seguir.

I. "[...] houve uma lestada muito forte, depois veio um sudoeste com chuva **e** frio. **E** daqui de minha casa vejo uma vaga de espuma galgar o costão sul da ilha das Palmas."

II. "Estive em Blumenau, onde há moitas de azaleias **e** manacás em flor [...]."

a) Identifique o trecho no qual a palavra **e** foi empregada para relacionar duas orações. Justifique sua resposta.

____

____

____

b) Explique qual é a função do **e** nas outras duas ocorrências.

____

____

____

c) Em todos os casos a palavra **e** estabelece, entre os termos que conecta, uma relação de:

☐ oposição.

☐ explicação.

☐ adição.

4. O texto é composto de frases curtas, em sua maioria períodos simples sem palavras que conectem as orações, explicitando as relações entre elas. Releia estes dois trechos:

> **I.** "A Primavera chegou. Você partiu antes. É a primeira Primavera, de 1913 para cá, sem a sua participação."
>
> **II.** "Não trazia nada no bico; vinha apenas fiscalizar, saber se o outro já havia arrumado o ninho para ele pôr seus ovos."

Filipe Rocha/Acervo da editora

a) Complete cada lacuna das frases a seguir com uma palavra do quadro abaixo, considerando as relações de sentido das orações entre si.

e	portanto	porque	mas

- A Primavera chegou, ________________ você partiu antes; ________________ é a primeira Primavera, de 1913 para cá, sem a sua participação.

- Não trazia nada no bico, ________________ vinha apenas fiscalizar ______ saber se o outro já havia arrumado o ninho para ele pôr seus ovos.

b) Observe os sentidos das frases que você completou no item **a** e identifique, entre as palavras do quadro, qual estabelece cada uma das relações a seguir:

- Conclusão: ____________________
- Adição: ____________________
- Oposição: ____________________
- Explicação ou causa: ______________

5. Releia este trecho:

> "Isto é uma história tão antiga que parece que só podia acontecer lá no fundo da roça, talvez no tempo do Império. Pois está acontecendo aqui em Ipanema, em minha casa, poeta."

a) A qual história o autor se refere?

____

____

____

b) Considerando o sentido da palavra **pois** nesse trecho, identifique, entre as opções a seguir, a palavra que poderia substituí-la sem acarretar mudança substancial no sentido do texto.

- [ ] portanto
- [ ] porque
- [ ] mas
- [ ] logo

c) Marque a frase a seguir em que a palavra **pois** tem o mesmo sentido com que foi usada no texto.

- [ ] Dessa vez a primavera chegou na hora certa, pois já é setembro!
- [ ] Ninguém seria capaz de perceber aquelas sutilezas; pois o poeta perceberia.
- [ ] Àquela altura o ninho estava todo pronto; restava, pois, aguardar os ovos.

6. Observe as palavras em destaque nestas frases:

- "[...] vinha [...] saber **se** o outro já havia arrumado o ninho"
- "Pouco depois vi **que** se aproximava, muito matreiro, um pássaro-preto"

Troque ideias com os colegas e o professor e deduza: Qual é a relação que essas palavras estabelecem entre as formas verbais **saber** e **vi** e seus complementos?

Petr Simon/Shutterstock

Conceituando

Conjunção

Conforme você pôde observar ao estudar o texto de Rubem Braga na seção anterior, as orações podem se relacionar umas com as outras por meio de uma palavra que as liga. É o caso, por exemplo, da palavra **e** em "**E** daqui de minha casa vejo uma vaga de espuma galgar o costão sul da ilha das Palmas.", que conecta essa frase à frase que a antecede, estabelecendo entre elas uma relação de adição.

Essa palavra que liga orações é chamada de **conjunção**. A presença de conjunções é um dos fatores responsáveis pela textualidade: ao explicitar as relações entre as orações que conectam, as conjunções contribuem para que um texto seja coerente e coeso, e não uma sequência de palavras ou frases soltas sem conexão explícita entre si.

As conjunções relacionam também termos semelhantes da mesma oração. Veja:

"[...] há moitas de azaleias **e** manacás em flor [...]."

Assim, concluímos:

Conjunção é a palavra que relaciona duas orações ou dois termos de mesmo valor sintático.

Veja mais um exemplo:

"vinha [...] saber **se** o outro já havia arrumado o ninho para ele pôr seus ovos".

Duas ou mais palavras que, juntas, exercem o papel de conjunção são chamadas de **locução conjuntiva**: "já que", "se bem que", "a fim de que".

O chopim esperava o ninho do tico-tico **para que** colocasse seus ovos nele.

Classificação das conjunções

Observe a estrutura sintática destas orações:

O mar	anda	virado	e	daqui de minha casa	vejo	uma vaga de espuma.
sujeito	VL	predicativo do sujeito	conjunção	adjunto adverbial	VTD sujeito desinencial (eu)	objeto direto

Repare que cada uma das orações tem todos os termos sintáticos necessários para que faça sentido.

Essas orações têm, portanto, valor equivalente e são independentes uma da outra, isto é, cada uma expressa algumas percepções do autor do texto, sobre o mar e sobre o que ele vê. A palavra que as relaciona — **e** — recebe o nome de **conjunção coordenativa**.

Observe, agora, como se relacionam estas orações:

		objeto direto		
Pouco depois	vi	**que**	se aproximava	um pássaro-preto.
adjunto adverbial	VTD sujeito desinencial (eu)	conjunção	VI	sujeito

Note que o verbo da 1ª oração é transitivo direto e, portanto, necessita de um complemento. Esse complemento é toda a 2ª oração, que funciona como objeto direto do verbo **ver**. Assim, existe uma dependência sintática, uma relação de subordinação entre as orações. A palavra que as relaciona — **que** — recebe o nome de **conjunção subordinativa**.

Concluímos, então:

As **conjunções coordenativas** ligam palavras ou orações de mesmo valor sintático.

As **conjunções subordinativas** inserem uma oração na outra, estabelecendo entre elas uma relação de dependência sintática.

Exercícios

Leia o texto a seguir.

A Grande Ilha de Lixo do Pacífico é tão grande que já tem um ecossistema

No norte do Oceano Pacífico, uma coleção de lixo, do tamanho do estado do Amazonas, fica acumulada. A Grande Ilha de Lixo do Pacífico é o maior acúmulo de plástico oceânico do mundo. Ela se forma no ponto de encontro de cinco enormes correntes oceânicas que arrastam lixo para o centro e o prendem lá.

O nome pode enganar: a área não é uma grande montanha de lixo no meio do oceano. A mancha é mais dispersa e formada principalmente por microplásticos, que passam despercebidos por satélites. Quem navega pela região, porém, consegue perceber que ela tem uma concentração particular de lixo.

Um novo estudo, publicado na revista Nature Ecology & Evolution, revelou que dezenas de espécies de organismos invertebrados, normalmente vistos em regiões costeiras, conseguiram sobreviver e se reproduzir naquele plástico flutuante. [...]

A descoberta sugere que a poluição plástica no mar pode permitir que novos ecossistemas abriguem espécies que normalmente não sobreviveriam nessa condição.

Os pesquisadores examinaram 105 itens de plástico pescados na Grande Mancha de Lixo do Pacífico. Eles identificaram 484 organismos invertebrados marinhos nos detritos, de 46 espécies diferentes, das quais 80% eram normalmente encontradas em habitats costeiros. Além disso, eles ainda encontraram muitas espécies de oceano aberto.

"Em dois terços dos escombros, encontramos as duas comunidades juntas, competindo por espaço, mas muito provavelmente interagindo de outras maneiras", afirma Linsey Haram, principal autora do estudo.

Segundo ela, as consequências da chegada de espécies invasoras nas áreas remotas do oceano ainda são um mistério.

[...]

Também é incerto como as criaturas chegaram até lá, provavelmente tenham pegado carona em algum pedaço de lixo. O fato é que elas estão se reproduzindo em um tipo de ambiente que não era delas, e essas aventuras ao mar podem "alterar fundamentalmente" as comunidades oceânicas, segundo os pesquisadores.

(Disponível em: https://super.abril.com.br/ciencia/a-grande-ilha-de-lixo-do-pacifico-e-tao-grande-que-ja-tem-um-ecossistema/. Acesso em: 23/5/2023.)

Filipe Rocha/Acervo da editora

Vista aérea da Grande Ilha de Lixo do Pacífico.

1. O texto lido aborda a existência da "Grande Ilha de Lixo do Oceano Pacífico".

a) Do que é composta, majoritariamente, essa ilha?

b) Explique por que, segundo o texto, esse nome "pode enganar".

c) Que particularidade o estudo citado descobriu sobre essa ilha? Qual é o impacto dessa descoberta para a sociedade?

2. Releia o trecho inicial do segundo parágrafo:

> "O nome pode enganar: a área não é uma grande montanha de lixo no meio do oceano. A mancha é mais dispersa e formada principalmente por microplásticos [...]."

a) Identifique a conjunção presente nesse trecho, bem como a relação que ela estabelece entre os termos que conecta.

b) Com base no texto, indique qual conjunção poderia ser empregada no lugar do sinal de dois-pontos sem acarretar mudança substancial de sentido.

Agora, releia este trecho para responder às questões 3 e 4.

> "A mancha é mais dispersa e formada principalmente por microplásticos, que passam despercebidos por satélites. Quem navega pela região, porém, consegue perceber que ela tem uma concentração particular de lixo."

3. O trecho é composto de duas frases.

a) Que conjunção relaciona uma frase à outra?

Agung Parameswara/Getty Images

b) Que ideias das duas frases são colocadas em relação por essa conjunção?

c) A conjunção estabelece entre as duas frases uma relação de explicação, de oposição ou de adição?

d) Qual das conjunções abaixo pode substituir a conjunção identificada no item **a**, sem que haja alteração de sentido? Marque-a e, em seguida, reescreva o trecho, fazendo as alterações necessárias.

☐ nem ☐ quando

☐ mas ☐ porque

e) Compare a reescrita que você produziu no item **d** com o texto original e comente com os colegas e o professor a diferença de sentido que há entre as duas versões.

4. A palavra **que** foi utilizada duas vezes no trecho lido.

a) Em qual das duas ocorrências a palavra **que** é uma conjunção e introduz uma oração que completa o sentido de uma forma verbal? Justifique sua resposta com elementos do texto.

____

____

____

b) Identifique mais duas frases do texto nas quais a palavra **que** exerce essa mesma função.

____

____

____

5. Observe o papel das conjunções em destaque nas frases a seguir:

- "Em dois terços dos escombros, encontramos as duas comunidades juntas, competindo por espaço, **mas** muito provavelmente interagindo de outras maneiras [...]."
- "[...] dezenas de espécies de organismos invertebrados, normalmente vistos em regiões costeiras, conseguiram sobreviver **e** se reproduzir naquele plástico flutuante."

a) Explique a relação estabelecida pelas conjunções destacadas entre as orações que compõem cada uma das frases.

____

b) Troque ideias com os colegas e o professor: Em qual das duas frases uma das conjunções poderia ser substituída pela outra, ainda que causando uma modificação de sentido? Justifique sua resposta e explique qual seria a mudança de sentido.

____

____

6. Releia o último parágrafo:

"Também é incerto como as criaturas chegaram até lá, provavelmente tenham pegado carona em algum pedaço de lixo. O fato é que elas estão se reproduzindo em um tipo de ambiente que não era delas, e essas aventuras ao mar podem 'alterar fundamentalmente' as comunidades oceânicas, segundo os pesquisadores."

a) Identifique as conjunções empregadas nele. Depois, troque ideias com os colegas e o professor e responda: Elas são coordenativas ou subordinativas? Justifique suas respostas.

____

____

____

b) Algumas expressões desse parágrafo foram empregadas em sentido figurado, isto é, em um contexto diferente do habitual. Identifique-as e explique qual sentido essas escolhas constroem no contexto.

As conjunções coordenativas

As conjunções coordenativas classificam-se em **aditivas**, **adversativas**, **alternativas**, **conclusivas** e **explicativas**. Todas elas ligam dois termos ou orações e estabelecem entre esses termos ou orações um tipo de relação.

Veja no quadro abaixo quais são essas relações e as principais conjunções coordenativas.

Conjunções coordenativas

	Relações	Principais conjunções	Exemplos
ADITIVAS	adição, soma	e, nem (e não)	A criança não brincou nem dormiu.
ADVERSATIVAS	oposição, contraste	mas, porém, todavia, contudo	Fui procurá-lo, mas não o encontrei.
ALTERNATIVAS	separação, exclusão	ou ou... ou, já... já, quer... quer	Ou você estuda ou você trabalha.
CONCLUSIVAS	conclusão	logo, pois, portanto, por isso	Andou devagar, por isso chegou atrasado.
EXPLICATIVAS	explicação, justificativa	que, porque, porquanto, pois	Fale baixo, pois o bebê dormiu.

Mas inicial

Veja no segundo verso do poema abaixo o emprego da conjunção **mas** em início de frase. Observe que a conjunção **mas**, nesse contexto, não estabelece relação de oposição direta entre as ideias das duas orações que conecta. Esse emprego é comum quando se deseja mudar a sequência de um assunto ou retomar um assunto que ficou suspenso em um texto ou em uma conversa.

Do eterno mistério

"Um outro mundo existe... uma outra vida..."
Mas de que serve ires para lá?
Bem como aqui, tu'alma atônita e perdida
Nada compreenderá...

(Mário Quintana. *In*: *Nova antologia poética*. São Paulo: Globo, 2007. p. 68.)

Gustavo Ramos/Arquivo da editora

Leia o meme a seguir:

"Ou você educa esse cachorro ou ele vai embora dessa casa!"

(Disponível em: https://pt.dopl3r.com/memes/graciosos/ou-voce-educa-esse-cachorro-ou-ele-vai-embora-dessa-casa/157343. Acesso em: 23/5/2023.)

1. Agora, responda:

a) Por que a frase que compõe o meme está entre aspas? O que essa frase representa, no contexto?

____

____

____

b) Explique a relação entre a imagem e o texto verbal, bem como o efeito de humor que ela constrói.

____

____

____

____

c) Há uma relação de coordenação na frase que compõe o meme lido. Como se classificam essas orações coordenadas? Que conjunção foi utilizada?

____

____

2. Descubra a relação que pode ser estabelecida entre as orações do texto a seguir e complete as lacunas com as conjunções coordenativas que explicitam essa relação: **e**, **mas**, **nem**, **porém**, **todavia**, **que**, **pois**, **porque**, **ou**, **seja**, **logo**, **portanto**.

A partir da linguagem audiovisual, a deepfake busca posicionar na esfera midiática um tema que seja benéfico ou prejudicial para determinado indivíduo ou grupo. Ao esvaziar a própria imagem de sua veracidade, produz-se uma infinidade de impactos que podem gerar divisões e preconceitos sociais ________ aumentar a polarização. [...]

› Montagem mostra o papa Francisco vestindo uma jaqueta branca.

Ao mesmo tempo, a manipulação digital permite que ditos e fatos reais sejam negados por seus autores ou por qualquer outra pessoa, ________ porque o autor joga a carta da manipulação, alegando que o fato foi criado para prejudicá-lo, ________ porque muda sua posição frente a um fato, inicialmente aceitando sua autoria ________, um tempo depois, argumentando que era deepfake.

________, as deepfakes envolvem a comunicação digital em uma dúvida midiática que situa o público no pior cenário: qualquer vídeo, imagem, áudio deve ser questionado. O regime de verdade legitimado pela imagem significaria o fim dos ditos e fatos para impor a dúvida midiática.

Até onde as deepfakes podem chegar? Teremos consciência dos limites éticos para impedir sua difusão? Poderemos limitar os efeitos perversos que eles podem implicar? ________ elas são a crônica de uma batalha perdida?

No século 17, o filósofo francês René Descartes, buscando um conhecimento absolutamente certo, imaginou que um gênio maligno o fazia duvidar de todas as suas experiências. No século 21, o gênio maligno são as deepfakes, ________ estão instaurando um regime de dúvida midiática que nos levará a deixar de nos preocupar com a verdade, porque tudo pode ser falso.

(Disponível em: https://www1.folha.uol.com.br/colunas/latinoamerica21/2023/04/deepfakes-ou-como-deixar-de-se-preocupar-com-a-verdade.shtml. Acesso em: 23/5/2023.)

Leia a tira a seguir e responda às questões 3 a 6.

(Disponível em: https://www1.folha.uol.com.br/ilustrada/cartum/cartunsdiarios/#9/10/2019. Acesso em: 5/5/2023.)

3. O título da tira é "Efeito colateral".

a) Explique a relação entre essa expressão e o conteúdo do texto.

b) Levante hipóteses: Qual é o tipo de relação que existe entre os personagens do texto?

4. Observe as seguintes frases, construídas com base nas falas dos personagens no 1º quadrinho da tira:

I. Você deve ter tomado comprimidos demais, **porque** está com dor de estômago.

II. Você tomou sete comprimidos, **por isso** está com dor de estômago.

Correlacione os sentidos indicados a seguir aos sentidos das conjunções em cada uma das frases lidas.

☐ explicação

☐ conclusão

5. Agora, releia as falas dos personagens no 2º quadrinho.

a) Que relação se pode estabelecer entre elas? Justifique sua resposta com termos do texto.

b) Una as duas falas em uma única frase, estabelecendo entre elas uma relação de coordenação.

6. Como é comum nas tiras, o último quadrinho é o responsável pela construção do humor. Troque ideias com os colegas e o professor: Que elemento revelado apenas no 2º quadrinho é responsável pela construção do humor na tira em estudo?

7. Leia as orações de cada um dos itens a seguir, tentando perceber a relação semântica existente entre elas. Depois reúna-as em uma única frase, empregando conjunções coordenativas.

a) Você fala muito. Não me convence.

b) Você goste. Você não goste. Vou levá-lo ao médico.

c) Fique quieta um instante. Quero fotografá-la.

d) Cheguei atrasada ao cinema. Perdi o início do filme.

A conjunção NA CONSTRUÇÃO DO TEXTO

Leia a história em quadrinhos a seguir.

(Disponível em: http://bichinhosdejardim.com/era-uma-vez/. Acesso em: 5/5/2023.)

1. Relacione a parte verbal e a não verbal da história e deduza:

a) Quem é o narrador cuja voz é representada pelo texto da parte superior dos cinco primeiros quadrinhos?

____

____

b) Por que as cores, o fundo e a moldura dos cinco primeiros quadrinhos são diferentes dos utilizados no último quadrinho?

____

____

c) Quem são "ele" e "ela" mencionados nos dois primeiros quadrinhos, em relação a esse narrador?

____

d) Por que "o povo" não entendeu bem a união dos dois, conforme relata o 4º quadrinho?

____

____

2. O desenvolvimento da narrativa na história em quadrinhos lida é construído com base no emprego de diversas conjunções e locuções conjuntivas.

a) Identifique, no texto, conjunções ou locuções conjuntivas que estabeleçam as seguintes relações entre as orações que conectam:

- relação de oposição: ______
- relação temporal: ______
- relação de conclusão: ______
- relação de adição: ______
- relação de finalidade: ______

b) Troque ideias com os colegas e o professor: Qual é a função das conjunções e locuções conjuntivas no texto em estudo?

______

______

______

3. Releia as orações conectadas pelas conjunções que você identificou na questão 2. Reescreva apenas as frases da tira que contêm orações coordenadas.

______

______

______

4. Os quadrinhos lidos narram uma história de:

- [ ] terror, traição e violência.
- [ ] amor, preconceito e superação.
- [ ] terror, morte e tristeza.
- [ ] amor, união e amizade.

5. Releia o último quadrinho.

a) Identifique a conjunção ou locução conjuntiva empregada e indique o seu sentido.

______

b) Quais outras conjunções poderiam ser empregadas com o mesmo sentido?

______

______

c) Explique a relação do sentido desse termo com a história contada.

Para que servem as conjunções?

As relações entre os seres humanos ou entre o ser humano e o mundo são bastante complexas. Para dar conta da complexidade das ideias e das relações, a linguagem necessita de mecanismos próprios. Por exemplo: Como indicar que uma ideia se opõe a outra? Como indicar que um fato é a causa ou a consequência de outro? As conjunções cumprem esse papel, estabelecendo nexos lógicos entre as orações. Elas são, portanto, um dos elementos essenciais para que um texto seja coerente e coeso.

SEMÂNTICA E DISCURSO

Leia a seguir um trecho de uma crônica de Antonio Prata e responda às questões 1 a 6.

Futuro do pretérito

"Não sei como é pra vocês, mas eu acho complicado ser brasileiro. Sinto-me como alguém que casou com uma pessoa cheia de defeitos na expectativa de mudá-la. Por isso a frase "o Brasil é o país do futuro" (livre adaptação que fizemos do título de um livro de Stefan Zweig, "Brasil, um País do Futuro") vem bem a calhar. O que eu amo não é tanto o país em que vivo, é uma projeção do que o país poderia ser se... E se e se e se e se e se e se e se e se e bota "se" aí. [...]

Impossível nos divorciarmos, contudo: mesmo que eu fosse pras ilhas Fiji eu continuaria a ser brasileiro. Foi aqui que nasci, é em português que eu falo, penso, sonho e crio os meus filhos, então só me resta agarrar-me a esta projeção e amar esta ideia vaga do que nós um dia poderíamos ser. [...]

Meu amigo Gustavo me mostrou outro dia o anúncio de um apartamento à venda com a seguinte frase: "Grande potencial para reforma!". Maneira não muito sutil que a imobiliária arrumou para informar que o imóvel estava caindo aos pedaços. "O Brasil é o país do futuro" não deixa de ter o mesmo significado: se é no futuro que nos realizaremos é porque no presente, bem, tá cheio de taco solto, fiação podre, infiltrações e trincas. No entanto, postergando as reformas, aqui vivemos. [...]"

(Disponível em: https://www1.folha.uol.com.br/colunas/antonioprata/2019/03/futuro-do-preterito.shtml. Acesso em: 5/5/2023.)

1. O título do texto é "Futuro do pretérito".

a) Identifique, no trecho, as formas verbais que estão conjugadas no futuro do pretérito.

b) Troque ideias com os colegas e o professor: Qual é, em geral, o sentido produzido por esse tempo verbal? No texto, esse sentido se confirma? Por quê?

2. Observe as relações semânticas entre as frases e as orações que compõem o 1º parágrafo.

a) Que relação é estabelecida entre as duas orações da 1ª frase? Explique a função da conjunção **mas** nesse contexto.

b) Troque ideias com os colegas e o professor: Entre as opções a seguir, qual melhor define a relação semântica que pode ser estabelecida entre a 2ª frase e a 1ª do 1º parágrafo, no contexto da crônica em estudo? Justifique oralmente sua escolha.

- [ ] oposição
- [ ] explicação
- [ ] adição
- [ ] alternância

c) Tendo em vista sua resposta ao item **b**, conclua: Quais conjunções poderiam ser empregadas entre essas duas frases, sem alterar substancialmente o sentido do texto?

d) Identifique a relação semântica estabelecida pela 3ª frase do parágrafo com a frase anterior, indicando o termo do texto que explicita essa relação.

3. Releia o final do 1º parágrafo:

> "O que eu amo não é tanto o país em que vivo, é uma projeção do que o país poderia ser se... E se e se e se e se e se e se e se e se e bota 'se' aí. [...]"

a) As orações separadas por vírgula que compõem a 1ª frase desse trecho não são conectadas por conjunção. Tendo em vista os sentidos do texto, indique qual é a relação semântica entre elas e proponha uma reescrita para essa frase, utilizando, imediatamente após a vírgula, uma conjunção que explicite tal relação.

b) A 2ª frase do trecho é composta de uma sequência das conjunções **e** e **se**. Qual é o sentido que essas conjunções costumam ter?

c) Explique o sentido que essa longa sequência constrói no texto em estudo.

d) Troque ideias com os colegas e o professor e, considerando o sentido do texto, sugira, oralmente, continuações para alguns **se** do trecho.

4. O 2º parágrafo contém conjunções que explicitam relações de coordenação entre algumas de suas orações. Identifique essas conjunções, bem como seu valor semântico.

5. Explique as relações de sentido estabelecidas pela conjunção **porque** e pela locução conjuntiva "no entanto", no final do trecho.

6. Em seu texto, Antonio Prata lança mão de alguns recursos para se aproximar do leitor. Encontre, no texto em estudo, trechos que exemplifiquem as estratégias descritas a seguir.

a) Dirige-se diretamente a seu interlocutor, tratando-o informalmente.

b) Faz uso de expressões do dia a dia.

c) Emprega formas reduzidas, divergindo da escrita padrão para se aproximar da fala cotidiana.

7. Leia este poema, de Francisco Alvim:

Argumento

Mas se todos fazem

(Ítalo Moriconi (org.). *Os cem melhores poemas brasileiros do século*. Rio de Janeiro: Objetiva, 2001.)

Jean Galvão/Acervo da editora

a) Observe o título do poema e deduza: Qual é a relação dele com o verso?

b) O poema é composto de um único verso, com uma única oração, e se inicia pela conjunção **mas**. Explique a que essa conjunção se opõe, uma vez que não há nenhum verso imediatamente anterior a ele.

PARA ESCREVER COM coesão

Coesão sequencial e referencial

Leia a resenha a seguir.

Emília, de Monteiro Lobato, viaja no tempo para contar a história do Brasil

Personagem do Sítio do Picapau Amarelo retorna em trilogia infantojuvenil da escritora Sônia Rodrigues

Everton Lopes Batista

Reprodução/Editora Nova Fronteira

As aventuras da boneca Emília não acabaram quando Monteiro Lobato parou de escrever sobre o Sítio do Picapau Amarelo. Em uma nova série de livros, a escritora Sônia Rodrigues retoma a personagem para viver uma história sobre o passado e o futuro do Brasil.

Em "A Fenda no Tempo", primeira parte da trilogia "O Retorno de Emília", vemos o país em 2050, quando algo deu muito errado e, por causa de mudanças climáticas, a Amazônia virou um deserto.

É uma garotinha chamada Akemi, moradora desse deserto, quem liberta Emília ao abrir um livro empoeirado de Lobato.

Inquieta, a boneca resolve investigar o que aconteceu com o país.

Sua missão mais importante é encontrar três cientistas desaparecidos — foi depois do sumiço inexplicável deles que tudo começou a desandar.

Com a magia do pó de pirlimpimpim e um empurrão da tecnologia, Emília embarca numa viagem por diferentes períodos e lugares do Brasil. Conhece a crueldade da escravidão e os conflitos entre índios e europeus.

"Escrevi um livro com a Emília porque queria dar espaço para a criatividade e a irreverência dela", diz Sônia, que é pesquisadora da obra de Lobato.

[...]

(Disponível em: https://www1.folha.uol.com.br/folhinha/2019/10/emilia-de-monteiro-lobato-viaja-no-tempo-para-contar-a-historia-do-brasil.shtml. Acesso em: 5/5/2023.)

1. O texto trata do lançamento de um livro.

a) Qual é o título lançado e quem é seu autor ou autora?

____

b) Quem é a personagem principal da história? E quem criou essa personagem?

____

c) Relacione o título do livro ao resumo do enredo apresentado no texto e explique o que seria uma fenda no tempo.

2. No subtítulo do texto, o autor utiliza a expressão "personagem do Sítio do Picapau Amarelo".

a) Que palavra do título essa expressão retoma?

b) Mentalmente, substitua a expressão pela palavra retomada. Depois, levante hipóteses e responda: Por que o autor do texto lido teria utilizado essa expressão?

3. Releia o 4º e o 5º parágrafo do texto.

a) Que palavras ou expressões retomam **Emília**?

b) Que palavra ou expressão o termo **deles** retoma?

4. Observe o emprego das palavras destacadas nos seguintes trechos:

- "Em 'A Fenda no Tempo', primeira parte da trilogia 'O Retorno de Emília', vemos o país em 2050, **quando** algo deu muito errado e, **por causa de** mudanças climáticas, a Amazônia virou um deserto."
- "'Escrevi um livro com a Emília **porque** queria dar espaço para a criatividade e a irreverência dela', diz Sônia, que é pesquisadora da obra de Lobato."

a) O que a palavra **quando** retoma?

b) Que tipo de relação essa palavra estabelece entre a oração "vemos o país em 2050" e a oração "algo deu muito errado": causal, temporal ou condicional?

____

____

c) A expressão "por causa de" estabelece uma relação de causa e consequência entre "algo deu muito errado" e "mudanças climáticas". Qual das palavras e expressões a seguir poderia substituí-la?

- [ ] porque
- [ ] além de
- [ ] devido a
- [ ] enquanto

d) Assinale abaixo o tipo de relação estabelecido pela palavra **porque** no segundo trecho.

- [ ] tempo
- [ ] condição
- [ ] causa
- [ ] finalidade

e) Por qual ou quais dos termos abaixo a palavra **porque** poderia ser substituída?

- [ ] uma vez que
- [ ] desde que
- [ ] já que

Como você já estudou, a coesão de um texto é feita pelas conexões gramaticais existentes entre palavras, frases, parágrafos e partes maiores. Isso porque, como você também já viu, o texto é como um tecido e a coesão textual é uma espécie de "linha" que o costura, retomando e relacionando suas partes. A coesão textual pode ser **sequencial** ou **referencial**.

No texto lido, os termos **quando**, **por causa de**, **porque**, entre outros, fazem com que o conteúdo do texto vá progredindo, pois constroem relações de sentido entre as partes. Essas palavras, que chamamos de **articuladores** ou **conectores**, são responsáveis pela coesão sequencial do texto. Geralmente, essa coesão estabelece a conexão lógica entre orações e períodos por meio do uso de conjunções, preposições, locuções conjuntivas e preposicionais e alguns advérbios e locuções adverbiais.

Já as palavras e expressões que retomam outras palavras — **Emília**, por exemplo — são responsáveis pela coesão referencial: aquela em que um termo do texto, chamado de referente, é retomado ou anunciado no texto por meio de **substituição** (por outros termos ou por pronomes), **repetição** ou **elipse**.

Exercícios

Leia a tira de Fernando Gonsales:

(*Folha de S.Paulo*, 20/10/2019.)

1. Observe a fala do personagem no 2º quadrinho:

a) A palavra **urina** é retomada? Se sim, de que forma?

b) Como a palavra poderia ser retomada por meio da substituição?

c) A palavra **também** estabelece uma relação entre as falas do 2º e do 1º quadrinho. Qual é o sentido construído por ela? Marque:

☐ negação

☐ inclusão

☐ oposição

2. A palavra **porque** estabelece uma relação entre duas orações.

a) Quais são as duas orações?

b) Explique a relação estabelecida entre as orações.

3. Observe o 3º quadrinho: Que elementos não verbais retomam o que foi dito nos quadrinhos anteriores e contribuem para a construção do humor na tira?

Leia o texto a seguir.

chc.cienciahoje.uol.com/a-anta-o-carbono-o-clima

PERGUNTA CURIOSA

Por que o pato não se molha quando nada?

Porque ele produz uma secreção oleosa embaixo da cauda e com o bico retira o óleo e o espalha pelo corpo. Recobertas por essa secreção, as penas tornam-se impermeáveis. Além disso, a camada de ar que fica entre as penas e o corpo ajuda a manter o pato flutuando.

(Disponível em: https://www.guiadoscuriosos.com.br/esportes/pergunta-curiosa/por-que-o-pato-nao-se-molha-quando-nada/. Acesso em: 11/5/2023.)

Clarke Colin/Shutterstock

4. O texto é composto de uma pergunta e de uma resposta.

a) A palavra **porque**, que inicia a resposta, estabelece que tipo de relação com a pergunta?

b) Há duas orações na pergunta. Que palavra faz a conexão gramatical entre elas? Que sentido essa palavra apresenta?

5. A palavra **pato** é retomada algumas vezes na resposta. Identifique:

a) uma substituição por pronome. ______

b) uma elipse. ______

c) uma repetição. ______

6. A expressão "secreção oleosa" também é retomada algumas vezes na resposta. Identifique:

a) uma substituição lexical. ______

b) uma substituição pronominal. ______

c) uma repetição. ______

7. Releia o último período do texto.

a) Qual é a relação estabelecida por "Além disso" entre o período final e os anteriores?

______

______

b) Que outra palavra ou expressão poderia ser usada com a mesma função? Se necessário, consulte um dicionário.

______

______

DE OLHO NA escrita

MAL ou MAU?

Leia este texto:

miniwide/Shutterstock

Chuva estraga as entrevistas de emprego

Torça para o céu estar azul. Uma pesquisa da Universidade de Toronto, que acompanhou 3 mil pessoas durante 6 anos, constatou que ser entrevistado num dia chuvoso reduz em 10% as suas chances de ser contratado. Isso supostamente acontece porque o ______ tempo deixa o entrevistador de ______ humor.

(Disponível em: https://super.abril.com.br/ciencia/ciencia-maluca-5/. Acesso em: 5/5/2023.)

1. Que palavra completaria adequadamente as lacunas do texto: **mau** ou **mal**?

____

____

2. Sabendo que **mau** é adjetivo e **mal** pode ser advérbio ou substantivo, troque ideias com os colegas: Como se classificam as palavras empregadas no enunciado da questão anterior? Justifique sua escolha com base no sentido do texto.

____

____

3. Se, no lugar da palavra que completa adequadamente o texto, fosse empregado o seu antônimo, que palavra usaríamos: **bem** ou **bom**? A palavra seria um advérbio ou um adjetivo?

____

____

4. Observe as frases a seguir.

- Estar de ____________ com a vida espalha o ____________ humor entre as pessoas.
- Uma ____________ entrevista de emprego nem sempre ocorre quando o tempo está ____________.
- Um dia ____________ ensolarado afeta positivamente o humor das pessoas.

a) Complete as frases com **bem**, **boa** ou **bom**, de acordo com o contexto.

b) Reformule o conteúdo de cada uma das frases em estudo, trocando os termos que você utilizou para preencher as lacunas por seus antônimos.

____

____

____

____

____

____

c) Em suas respostas ao item **b**, em qual dos casos a substituição dos termos **bem**, **boa** e **bom** por **mal**, **má** e **mau** comprometeria o sentido da frase? Justifique sua resposta.

____

____

5. Observe o emprego das palavras **mau** e **mal** nestas frases:

- Já está provado que o **mau** tempo influencia o humor das pessoas.
- Falar **mal** do tempo é a melhor maneira de iniciar conversas em elevadores.
- O **mal** das entrevistas de emprego é o nervosismo.

A que classe gramatical pertence a palavra destacada em cada frase?

____

____

____

6. Observe as expressões abaixo e depois complete as afirmações a seguir.

mal-estar	**mau** aluno
bem-estar	**bom** aluno

- __________ é antônimo de **bem** e classifica-se como ______________.
- __________ é antônimo de **bom** e classifica-se como ______________.

Atenção

Mau é adjetivo e, portanto, modifica um substantivo e sofre variação de gênero:

- Eu não sou um **mau** aluno.
- Fabiana não é **má** aluna.

Mal é advérbio e, assim, acompanha o verbo, indicando circunstância:

Ela se comportou **mal**.

Mal também pode ser substantivo, quando antecedido de artigos, e tem o sentido de algo danoso, problema ou doença:

- O **mal** do século é a depressão.
- O **mal** que ele fez não tem reparo.

Exercícios

1. Leia esta tira:

© Armandinho, de Alexandre Beck/Acervo do cartunista

(Disponível em: https://tirasarmandinho.tumblr.com. Acesso em: 31/5/2023.)

a) No primeiro quadrinho, complete a frase da tia de Armandinho, citada pelo menino, empregando **mal** ou **mau**. Justifique sua escolha.

____

____

____

b) Explique como a fala de Armandinho no último quadrinho constrói o humor da tira.

____

____

____

2. Complete as frases com **mal** ou **mau**, de acordo com o contexto:

a) Chegou ____________-humorado ao escritório, porque tinha dormido ____________ e julgou que os amigos tinham sido ____________-agradecidos na noite anterior.

b) Um conserto ____________-acabado pode gerar acidentes e acarretar um ____________ funcionamento do motor.

c) O jogador disse que estava passando ____________, mas na verdade não participou do jogo em razão de seu ____________ comportamento.

d) Aquela atitude ____________-educada foi resultado de um ____________ momento.

e) A água estava com ____________ cheiro e com gosto estranho.

DIVIRTA-SE

Will Leite/Acervo do Cartunista

A conjunção (II)

CAPÍTULO 10

Construindo o conceito

Leia estes quadrinhos de Nik:

(*Gaturro a lo grande*. Buenos Aires: Catapulta, 2006. p. 82. Tradução dos autores.)

1. Como você sabe, Gaturro é um gato apaixonado por Ágata, uma gatinha que não liga para ele. No 1º quadrinho, Gaturro faz uma comparação entre o amor e um jogo de quebra-cabeça.

a) De que modo essa ideia é representada na ilustração dos quadrinhos?

b) Logo, desse ponto de vista, do que depende o sucesso no amor?

2. Sabendo que Ágata é a gatinha que aparece no último quadrinho, note que no 2º, no 3º e no 4º quadrinho Gaturro hesita, se engana ou tem dúvida sobre suas possíveis escolhas.

a) De que forma a dúvida, o engano e a hesitação são representados visualmente na tira?

b) E de que forma o encontro da pessoa certa é representada visualmente?

3. Observe a frase do primeiro balão: "O amor é cego como um quebra-cabeça com milhares de peças...".

a) Quantas formas verbais há nessa frase? Justifique sua resposta.

b) Quantas orações há nela: uma ou duas?

c) Trata-se, portanto, de um período simples ou de um período composto?

4. Na mesma frase analisada, há uma **conjunção**, isto é, uma palavra que liga as duas orações do período.

a) Qual é essa palavra?

___

b) Que tipo de relação ela estabelece entre as duas partes do período? Marque:

- [ ] causa
- [ ] consequência
- [ ] comparação
- [ ] conformidade

5. Observe agora estes três períodos dos quadrinhos seguintes:

- "Muitas vezes percebi que não era..."
- "Outras, achei que era"
- "Outras vezes, pensei que tudo se encaixaria"

a) Quantas orações há em cada período?

___

___

b) Logo, trata-se de períodos simples ou compostos?

___

___

c) Qual é a conjunção que liga as orações dos períodos?

___

___

6. Observe agora as formas verbais **percebi**, **achei** e **pensei**, dos mesmos períodos:

a) Como essas formas verbais se classificam quanto à predicação verbal?

___

___

b) Considerando a predicação dessas formas verbais, indique a função sintática da 2ª oração em relação à 1ª oração.

c) Entre as orações de cada período, existe dependência sintática? Justifique sua resposta.

d) Logo, trata-se de um período composto por coordenação ou por subordinação?

Conceituando

As conjunções subordinativas

As conjunções subordinativas ligam duas orações, uma principal e outra subordinada, de modo que a subordinada completa sintaticamente a principal. Observe:

conjunção

Muitas vezes percebi **que** não era...

or. principal | or. subordinada

conjunção

O amor é **como** um quebra-cabeça com milhares de peças...

or. principal | or. subordinada

As conjunções subordinativas compreendem dois grupos: as **integrantes** e as **adverbiais**. As integrantes são as conjunções **que** e **se** quando introduzem orações que funcionam como sujeito, objeto direto, objeto indireto, predicativo, complemento nominal ou aposto da oração principal:

VTD — conj. integrante

Muitas vezes achei **que** não era...

or. principal — or. subordinada que funciona como objeto direto da oração anterior

As conjunções adverbiais são aquelas que introduzem orações que exprimem uma circunstância adverbial relacionada ao enunciado da oração principal:

conjunção adverbial comparativa

O amor é **como** um quebra-cabeça com milhares de peças (é)...

or. principal — or. subordinada adverbial comparativa, que funciona como adjunto adverbial da outra oração estabelecendo uma comparação entre duas orações

As conjunções subordinativas adverbiais classificam-se em **causais**, **comparativas**, **concessivas**, **condicionais**, **conformativas**, **consecutivas**, **finais**, **proporcionais** e **temporais**. Todas elas iniciam orações que exprimem uma circunstância adverbial em relação ao fato expresso na oração principal. Veja no quadro a seguir quais são essas circunstâncias e as principais conjunções subordinativas adverbiais.

Conjunções subordinativas adverbiais			
	Circunstâncias que expressam	Principais conjunções	Exemplos
Causais	causa, motivo, razão do efeito	porque, como, visto que, já que	**Como** a chuva estivesse muito forte, não fui ao cinema.
Comparativas	comparação	como, que, assim como, (mais, menos) do que	O pai está mais preocupado **do que** a mãe (está) com o atraso do filho.
Concessivas	concessão	embora, ainda que, se bem que, mesmo que	**Mesmo que** não haja sol, iremos à praia.
Condicionais	condição	se, caso, contanto que, desde que, a menos que	**Se** você precisar de ajuda, telefone para mim.
Conformativas	conformidade	conforme, como, segundo	Nas férias, tudo ocorreu **como** havíamos previsto.
Consecutivas	consequência	(tal, tão, tanto) que, de modo que	Chorou tanto, **que** ficou com os olhos inchados.
Finais	finalidade	para que, a fim de que, que	Abrimos as janelas, **para que** entrasse um pouco de ar na casa.
Proporcionais	proporção	à proporção que, à medida que	**À medida que** envelhece, a prata fica mais bonita.
Temporais	tempo, momento	quando, antes que, depois que, logo que	**Enquanto** as crianças brincavam, fiz um bolo para o lanche.

Exercícios

Leia o meme a seguir para responder às questões 1 a 3.

(Disponível em: https://www.facebook.com/BodeGaiato/photos/s%C3%B3-nessas-duas-ocasi%C3%B5es/3103147769748461/?locale=pt_BR. Acesso em: 5/5/2023.)

1. O texto verbal da parte superior do meme contém uma conjunção que estabelece uma circunstância entre as orações que conecta.

a) Identifique essa conjunção e a circunstância estabelecida por ela.

____

____

b) Que ideias se relacionam nessa frase?

____

____

2. No texto verbal da parte inferior do meme, uma parte da frase está subentendida.

a) Reescreva-o, explicitando a parte subentendida.

b) Explique por que essa parte constrói humor no meme.

3. O meme foi extraído da página "Bode gaiato", criada por um estudante pernambucano de Caruaru.

a) Explique a relação entre o nome da página e o conteúdo do meme.

b) Quais elementos desse contexto de produção também contribuem para a construção de humor do meme?

4. Leia esta tira:

(*Folha de S.Paulo*, 4/2/2009.)

No 1º balão da tira, foi empregada a conjunção **se**. Troque ideias com os colegas: No contexto, ela é uma conjunção integrante, uma conjunção subordinativa adverbial condicional ou uma conjunção subordinativa adverbial causal? Justifique sua resposta.

Leia o texto a seguir para responder às questões 5 a 9.

Comprei o álbum da Copa pra minha filha de quatro anos, como se ela tivesse me pedido. No início até que ela ficou empolgada. Até que começou a abrir os pacotes de figurinha e se deparar com um monte de homens uniformizados.

"Por que todas as figurinhas são iguais?" [...] "Repetida, repetida, repetida", ela diz, abrindo os pacotes. "Não, filha, esse homem é diferente desse, que é diferente desse." "Não são, não. Os três têm barba e camisa verde." "Sim, são todos da Arábia Saudita, mas são pessoas diferentes." [...]

Só consigo ver o entusiasmo no seu rosto quando encontra uma figurinha brilhante, mesmo que repetida. Então ela não me deixa colar no álbum, pra que o escudo cintilante não se misture ao rol de uniformizados. Ainda não consegui colar nenhuma brilhante no álbum, mas seu quarto está coberto de figurinhas purpurinadas por todo lado. [...]

Cheguei àquele estágio em que já não faz mais sentido comprar figurinhas, só vem repetida. Tenho uma pilha grande de repetidas que precisava trocar, mas meus amigos que têm filhos todos já completaram o álbum há um século. No clube do Fluminense tem um polo de troca de figurinhas, mas nunca vi um adulto por lá. Tenho vergonha de me sentar no chão com meninos de seis anos e negociar cromos como um adulto regredido. E se algum deles me desafiar pro bafo? E se eu perder de um menino de seis anos no bafo? Ainda existe bafo? [...]

Jean Galvão/Acervo da editora

(Disponível em: https://www1.folha.uol.com.br/colunas/gregorioduvivier/2022/11/procuro-alguem-pra-trocar-figurinhas-da-copa-com-um-pai-regredido.shtml. Acesso em: 23/5/2023.)

5. O narrador começa o texto contando que comprou um álbum da Copa para sua filha de quatro anos.

a) A menina gostou do álbum? Por quê?

b) Em que situação o pai percebe que ela fica animada com as figurinhas?

c) Você acha que eles vão conseguir completar o álbum? Justifique sua resposta com base em elementos do texto.

6. Observe o papel das conjunções destacadas na primeira frase do texto:

"Comprei o álbum da Copa pra minha filha de quatro anos, **como se** ela tivesse me pedido."

a) Das circunstâncias que seguem, quais as conjunções em destaque exprimem no contexto, respectivamente?

- concessão
- conformidade
- tempo
- condição ou hipótese

b) Troque ideias com os colegas e o professor e conclua: Que efeito de sentido essas duas conjunções, utilizadas na mesma frase, constroem no contexto?

7. Identifique, entre as frases a seguir, aquela na qual a conjunção ou locução conjuntiva em destaque indica uma relação temporal.

- [ ] "No início **até que** ela ficou empolgada."
- [ ] "**Até que** começou a abrir os pacotes de figurinha e se deparar com um monte de homens uniformizados."
- [ ] "'Sim, são todos da Arábia Saudita, **mas** são pessoas diferentes.'"

8. Releia o trecho a seguir:

> "Só consigo ver o entusiasmo no seu rosto **quando** encontra uma figurinha brilhante, **mesmo que** repetida. Então ela não me deixa colar no álbum, **pra que** o escudo cintilante não se misture ao rol de uniformizados."

a) Identifique as circunstâncias que a conjunção e as locuções conjuntivas em destaque exprimem.

b) Entre as opções a seguir, marque a que melhor explica a relação entre as circunstâncias identificadas por você no item **a** e o conteúdo do trecho.

- ☐ A conjunção **quando** marca o tempo durante o qual a filha gostou do álbum, e a ressalva indicada pela locução conjuntiva "mesmo que", somada ao motivo pelo qual ela não pretende colar as figurinhas brilhantes, sugere que o interesse da menina, assim como o do pai, é completar o álbum o quanto antes.
- ☐ A conjunção **quando** marca os momentos em que a filha fica feliz com o álbum, e a explicação indicada pela locução conjuntiva "mesmo que", somada à finalidade que ela vê para as figurinhas brilhantes, comprova que o interesse da menina é completar o álbum.
- ☐ A conjunção **quando** marca os poucos momentos em que a filha fica feliz com o álbum, e a ressalva indicada pela locução conjuntiva "mesmo que", somada à finalidade que ela vê para as figurinhas brilhantes, comprova que o interesse da menina definitivamente não é o mesmo do pai, de completar o álbum.

9. Releia o último parágrafo:

> "Cheguei àquele estágio em que já não faz mais sentido comprar figurinhas, só vem repetida. Tenho uma pilha grande de repetidas que precisava trocar, mas meus amigos que têm filhos todos já completaram o álbum há um século. No clube do Fluminense tem um polo de troca de figurinhas, mas nunca vi um adulto por lá. Tenho vergonha de me sentar no chão com meninos de seis anos e negociar cromos como um adulto regredido. E se algum deles me desafiar pro bafo? E se eu perder de um menino de seis anos no bafo? Ainda existe bafo?"

a) Qual é o sentido da expressão "adulto regredido" no contexto?

b) Há nesse parágrafo uma sequência de frases com duas conjunções coordenativas diferentes e duas frases com uma mesma conjunção subordinativa. Identifique essas conjunções e dê o sentido delas no contexto.

c) Troque ideias com os colegas e o professor: Qual sentimento do narrador sobre a situação pode ser apreendido das construções identificadas por você no item **b**? Justifique sua resposta com base no texto.

SEMÂNTICA E DISCURSO

Leia o anúncio a seguir para responder às questões 1 e 2.

Reprodução/Pinterest

(Disponível em: https://br.pinterest.com/pin/389842911474295342/. Acesso em: 23/5/2023.)

1. O anúncio lido tem como objetivo vender um produto.

a) Que produto é esse?

____

b) Qual característica do produto é utilizada como argumento para convencer o interlocutor?

____

c) Levante hipóteses: Por que essa característica foi escolhida no contexto do anúncio?

____

____

____

____

2. O texto verbal central contém uma construção com uma conjunção que estabelece relação entre as orações que conecta:

a) Identifique essa construção, bem como a relação que ela constrói entre as orações.

____

b) As ideias das orações conectadas no anúncio não têm, de fato, nenhuma relação entre si. Explique essa afirmação.

____

____

____

c) Considerando suas respostas anteriores, conclua: Que efeito de sentido é construído pela frase central no contexto do anúncio? Com base em qual palavra, especificamente, se dá esse efeito?

____

____

____

d) Proponha uma reescrita para a frase do anúncio de forma que a relação identificada por você no item **a** seja estabelecida com base em um raciocínio lógico.

Uma bebida tão verdadeira que ______________________________

____

3. Nos três períodos a seguir, a conjunção **como** exprime diferentes circunstâncias. Identifique a circunstância expressa por essa conjunção em cada um dos períodos, numerando-os adequadamente.

☐	Exatamente como o pintor imaginou, o poeta escreveu.	1	conformidade
☐	Como já era tarde, todos se retiraram para suas casas.	2	comparação
☐	O pintor, como o poeta, inventa mundos incríveis.	3	causa

4. Dependendo da relação que estabelece entre as orações, a conjunção **que** pode assumir diferentes valores semânticos. Indique, entre os enunciados a seguir, aquele no qual a palavra **que**:

- tem valor de adição.
- introduz uma explicação.
- estabelece comparação.
- indica uma consequência.

a) O candidato mostrou-se tão à vontade **que** rapidamente ganhou a vaga.

____

b) Vamos entrar, **que** já está tarde.

c) E a criança chorava, **que** chorava, **que** chorava até que dormiu.

d) Vocês ficaram mais interessados no prêmio do concurso **que** nós.

e) Era uma situação tão surpreendente, **que** ninguém sabia como agir.

Leia estes quadrinhos de Alexandre Beck para responder às questões 5 a 8:

(*Armandinho dez*. Florianópolis: A. C. Beck, 2018. p. 80.)

5. Armandinho está ouvindo a opinião de Pudim (o garoto de bermuda verde) a respeito do transporte público e um colega deles entra na conversa.

a) Qual é a lógica de Pudim a respeito do transporte público?

b) Como você caracteriza essa lógica?

6. O garoto com carrinho de rolimã na mão tem um ponto de vista diferente a respeito do transporte público. Segundo ele:

a) Por que um bom transporte público beneficia todos, até mesmo quem usa carro?

b) Considerando o contexto, que sentido é construído pela expressão "egoísta consciente", empregada na fala do garoto no último quadrinho?

7. As tiras apresentam conjunções subordinativas. Observe a primeira tira:

a) Que tipo de relação a conjunção **porque** estabelece com a oração "Devia, Pudim!"?

b) E qual é a relação que a conjunção **quando** estabelece com a oração "porque [...] melhora até"?

8. Na segunda tira, o garoto com o carrinho de rolimã emprega duas conjunções subordinativas.

a) Identifique-as.

b) Associe os valores semânticos relacionados a seguir às conjunções subordinadas adverbiais identificadas no item **a**.

- tempo
- causa
- comparação
- condição
- proporção
- consequência

PARA ESCREVER COM adequação

Sintaxe de colocação

Leia este título de uma reportagem:

> **Algumas plantas liberam um anestésico quando estão sendo cortadas. Pode ser um sinal de que sentem algo parecido com dor.**
>
> (*Superinteressante*, mar. 2016. p. 51.)

Observe a ordem dos termos da frase.

Algumas plantas	liberam	um anestésico	quando estão sendo cortadas.
sujeito	VTD	OD	or. sub. adv. temporal

1. Nos itens a seguir, a ordem desses termos está modificada. Indique aqueles em que o enunciado mantém sentido e clareza e é, portanto, aceitável na língua portuguesa.

- [ ] Quando estão sendo cortadas, algumas plantas liberam um anestésico.
- [ ] Algumas plantas, quando estão sendo cortadas, liberam um anestésico.
- [ ] Liberam um anestésico algumas plantas quando estão sendo cortadas.
- [ ] Quando estão sendo um anestésico, liberam algumas plantas sendo cortadas.
- [ ] Liberam cortadas quando estão sendo algumas plantas um anestésico.

2. Observe a oração subordinada adverbial temporal nas alternativas do exercício anterior. O que podemos afirmar sobre os elementos que a constituem e sua colocação na frase?

____

____

Observando os enunciados dos itens da questão **1**, notamos que alguns deles são compreensíveis na língua portuguesa, ao passo que outros, não. Notamos, ainda, que o enunciado original apresenta uma sequência chamada **ordem direta**, expressa por: sujeito + verbo + complementos.

Na língua portuguesa, outras ordens são possíveis, e a escolha por qual ordem utilizar varia de acordo com diversos fatores, entre os quais as intenções do enunciador e a escolha do elemento ao qual ele pretende dar menos ou mais destaque. Quando a ordem dos termos da oração não segue a ordem direta, dizemos que está na **ordem inversa**.

Exercícios

Leia o anúncio a seguir.

(Disponível em: https://www.behance.net/gallery/28120929/Anuncios-Institucionais-RS-Tintas. Acesso em: 23/5/2023.)

1. A propósito do anúncio lido, responda:

a) Quem é o anunciante?

b) Qual é a finalidade do anúncio?

c) Que tipo de público o anúncio pretende atingir?

2. O texto verbal em destaque, com letras maiores, é composto de frases com alguns termos subentendidos. Relacione-o à parte não verbal e depois:

a) deduza: No contexto, a quem se referem as palavras **alguns** e **nós**?

b) explique a ambiguidade contida na relação entre as partes verbal e não verbal do anúncio.

c) troque ideias com os colegas e o professor e responda: Qual efeito de sentido é construído no texto em razão dessa ambiguidade?

3. O texto verbal central não foi escrito na ordem direta.

a) Considerando os sentidos que você identificou na questão 2, proponha uma reescrita desse texto na ordem direta, explicitando os termos que estão subentendidos nas frases que o compõem de acordo com o sentido do texto.

b) Compare a reescrita que você propôs no item **a** e o texto original e conclua: Que efeitos a inversão na ordem constrói no texto?

4. Agora, releia estas duas frases do texto em letras menores:

- "Há 12 anos no mercado, com 6 lojas em Araraquara e região a RS Tintas **oferece** produtos que podem transformar uma simples pintura em obra de arte."
- "Com a gente não **há** limites para a criatividade e inovação."

a) Identifique os adjuntos adverbiais e as orações subordinadas em cada uma das frases.

b) Na ordem direta, o adjunto adverbial aparece nas frases depois dos complementos verbais. Os adjuntos adverbiais identificados por você estão na ordem direta? Justifique sua resposta.

c) Troque ideias com os colegas e o professor e conclua: No contexto, que efeito de sentido essa colocação constrói no anúncio em estudo?

Leia este poema de José Paulo Paes:

Epigrama

Entre sonho e lucidez, as incertezas.
Entre delírio de dever, as tempestades.
Ai, para sempre serei teu prisioneiro
Neste **patíbulo** amargo de saudades...

(*Melhores poemas de José Paulo Paes*. São Paulo: Global, 2015.)

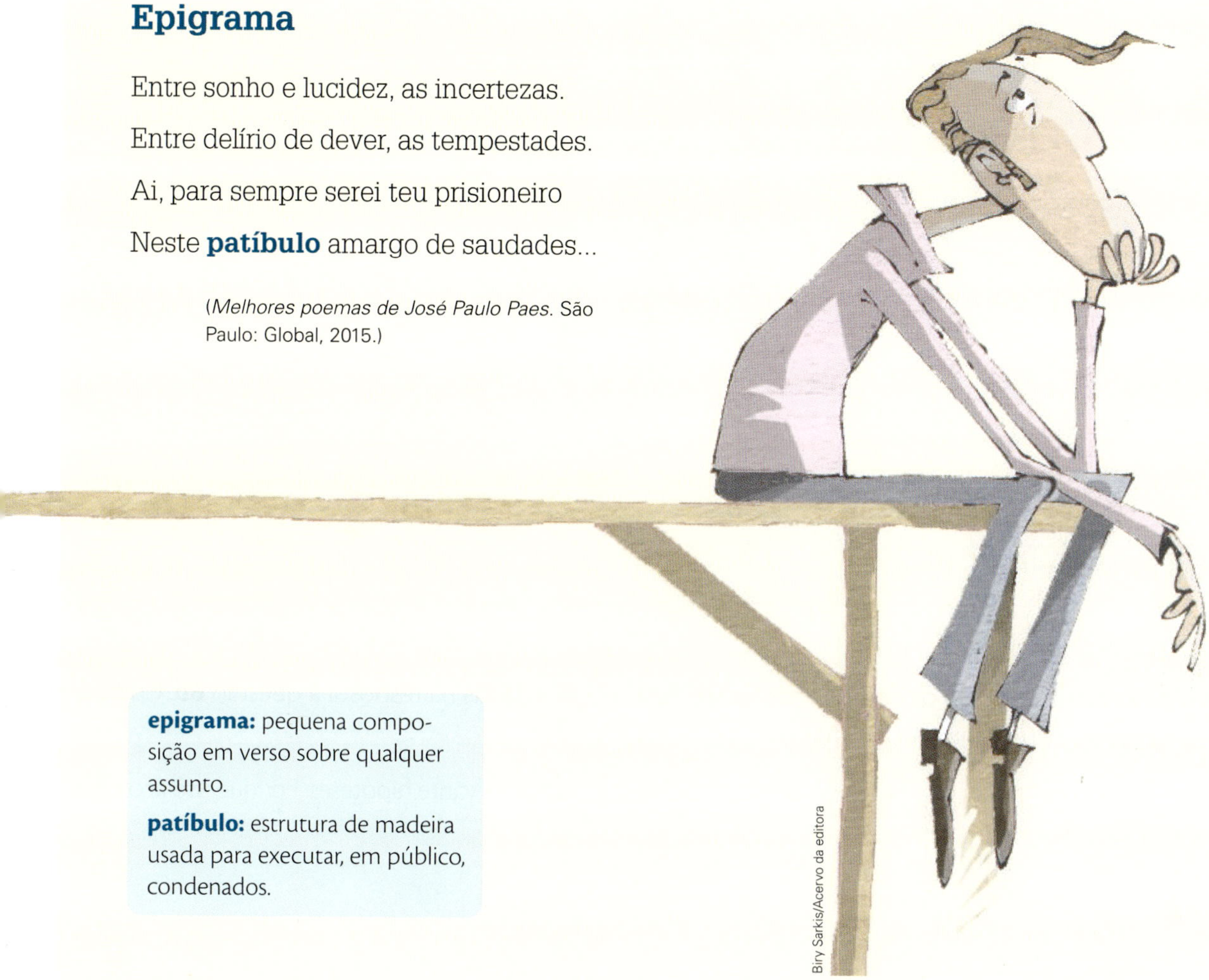

Biry Sarkis/Acervo da editora

epigrama: pequena composição em verso sobre qualquer assunto.

patíbulo: estrutura de madeira usada para executar, em público, condenados.

5. Nos dois primeiros versos, o eu lírico descreve a condição dele, e, nos dois últimos versos, dá pistas sobre a causa dessa condição. Justificando com elementos do texto, responda:

a) Qual é a condição do eu lírico?

b) Qual é a causa dessa condição?

6. Dos termos da oração, o adjunto adverbial é o que tem mais mobilidade nas orações.

a) Identifique, nos dois últimos versos, os advérbios ou locuções adverbiais e classifique-os.

b) Reescreva os versos, colocando os adjuntos ou locuções adverbiais em todas as posições possíveis, sem que haja alteração de sentido.

7. Releia o poema, substituindo os dois últimos versos pelas opções dadas na resposta à questão **6b**. Compare essas construções com a construção original.

- Qual dessas construções soa melhor: A original ou uma das outras? Levante hipóteses: Por que isso acontece?

8. Em alguns casos, a mudança na posição do adjunto adverbial pode construir ambiguidades indesejadas em um texto. Releia a definição do termo **patíbulo**, abaixo do poema em estudo.

a) Identifique o adjunto adverbial que ela contém.

b) Observe as seguintes construções, com o adjunto adverbial deslocado em relação à versão original.

- estrutura de madeira usada, em público, para executar condenados.
- estrutura de madeira usada para executar condenados em público.

Qual delas muda o sentido da versão original e qual delas contém uma ambiguidade? Justifique sua resposta.

DIVIRTA-SE

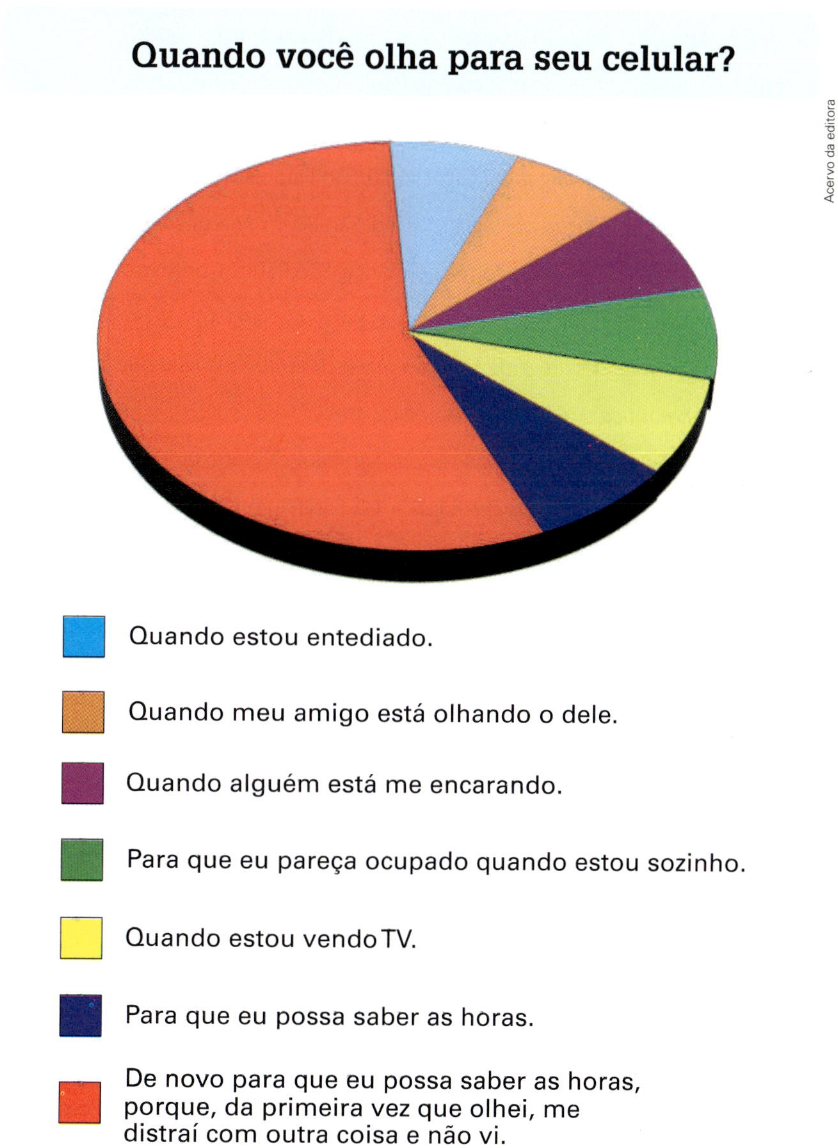

BIBLIOGRAFIA

ANTUNES, Irandé. *Aula de português*: encontro & interação. São Paulo: Parábola, 2003.

AZEREDO, José Carlos. *Iniciação à sintaxe do português*. 9. ed. Rio de Janeiro: Zahar, 2007.

BAGNO, Marcos. *Preconceito linguístico*: o que é, como se faz. 2. ed. São Paulo: Loyola, 1999.

BAGNO, Marcos. *Português brasileiro*: um convite à pesquisa. São Paulo: Parábola, 2001.

BAGNO, Marcos. *Gramática de bolso do português brasileiro*. São Paulo: Parábola, 2013.

BAKHTIN, Mikhail. *Marxismo e filosofia da linguagem*. São Paulo: Hucitec, 1979.

BECHARA, Evanildo. *Moderna gramática portuguesa*. 37. ed. Rio de Janeiro: Lucerna, 2000.

BRASIL. Ministério da Educação. *Base Nacional Comum Curricular*. Brasília: MEC, 2018.

CUNHA, Celso. *Gramática da língua portuguesa*. Rio de Janeiro: MEC/Fename, 1972.

FÁVERO, Leonor; KOCH, Ingedore G. V. *Linguística textual*. 2. ed. São Paulo: Cortez, 1988.

FIORIN, José Luiz. *Elementos da análise do discurso*. 5. ed. São Paulo: Contexto/Edusp, 1996.

FRANCHI, Carlos; NEGRÃO, Esmeralda V.; MÜLLER, Ana L. *Mas o que é mesmo "gramática"?*. São Paulo: Parábola, 2006.

HOUAISS, Antonio. *Dicionário eletrônico da língua portuguesa 1.0*. São Paulo: Objetiva, 2013.

ILARI, Rodolfo. *A linguística e o ensino da língua portuguesa*. 4. ed. São Paulo: Martins Fontes, 1992.

ILARI, Rodolfo. *Introdução à semântica*: brincando com a gramática. São Paulo: Contexto, 2001.

ILARI, Rodolfo. *Introdução ao estudo do léxico*: brincando com as palavras. São Paulo: Contexto, 2002.

ILARI, Rodolfo; BASSO, Renato. *O português da gente: a língua que estudamos, a língua que falamos*. São Paulo: Contexto, 2006.

ILARI, Rodolfo; GERALDI, J. W. *Semântica*. 3. ed. São Paulo: Ática, 1987.

KOCH, Ingedore G. V.; TRAVAGLIA, Luiz C. *A coerência textual*. São Paulo: Contexto, 1991.

KOCH, Ingedore G. V.; TRAVAGLIA, Luiz C. *Texto e coerência*. 4. ed. São Paulo: Cortez, 1995.

MENDONÇA, Márcia. Análise linguística no ensino médio: um novo olhar, um outro objeto. *In*: BUNZEN, Clecio; MENDONÇA, Márcia. *Português no ensino médio e formação do professor*. São Paulo: Parábola, 2006. p. 199-226.

NEVES, Maria Helena de Moura. *A gramática*: história, teoria e análise, ensino. São Paulo: Editora Unesp, 2002.

NEVES, Maria Helena de Moura. *Gramática de usos do português*. São Paulo: Editora Unesp, 2011.

NEVES, Maria Helena de Moura. *Guia de uso do português*: confrontando regras e usos. São Paulo: Editora Unesp, 2003.

NEVES, Maria Helena de Moura. *Texto e gramática*. São Paulo: Contexto, 2006.

NEVES, Maria Helena de Moura. *A gramática do português revelada em textos*. São Paulo: Editora Unesp, 2018.

PERINI, Mário A. *Para uma nova gramática do português*. 3. ed. São Paulo: Ática, 1986.

PERINI, Mário A. *Gramática descritiva do português*. 2. ed. São Paulo: Ática, 1996.

SOUZA e SILVA, M. C.; KOCH, Ingedore G. V. *Linguística aplicada ao português*: sintaxe. 7. ed. São Paulo: Cortez, 1996.

TRAVAGLIA, Luiz Carlos. *Gramática*: ensino plural. São Paulo: Cortez, 2003.

TRAVAGLIA, Luiz Carlos. *Gramática e interação*: uma proposta para o ensino de gramática. São Paulo: Cortez, 2005.

TRAVAGLIA, Luiz Carlos *et al*. *Metodologia e prática do ensino da língua portuguesa*. 2. ed. Porto Alegre: Mercado Aberto, 1986.

VIEIRA, Sílvia R.; BRANDÃO, Silvia F. *Ensino de gramática*: descrição e uso. São Paulo: Contexto, 2007.

VYGOTSKY, L. S. *Pensamento e linguagem*. São Paulo: Martins Fontes, 1993.